Das bietet Ihnen die CD-ROM

- Software zur Erstellung eines professionellen Businessplans
- Rechtssichere Musterverträge mit ausführlichen Erläuterungen
- Checklisten und Adressen

Kapitel 1: Ist die GbR die richtige Rechtsform für Ihr Vorhaben?
Übersicht: Die wichtigsten Rechtsformen
Mindestinhalt eines Business-Plans
Inhalte des Finanzierungs- und Kapitalbedarfsplans

Kapitel 2: Was sollten Sie über die GbR wissen?
Die GbR auf einen Blick

Kapitel 3: Wie gründen Sie eine GbR?
Übersicht: Namensführung
Muster für Gesellschaftsverträge
Übersicht: berufsständische Kammern

Kapitel 4: Wie sind Sie mit einer GbR erfolgreich tätig?
Checkliste: Eignen Sie sich zum Unternehmer?
Checkliste: Entscheidung zur Zusammenarbeit
Checkliste: Unsere Geschäftsidee
Checkliste: Rechtsform wählen
Checkliste: Wahl des Standorts
Checkliste: Anmeldungen und Genehmigungen
Checkliste: Versicherungen
Checkliste: Kostenüberblick
Checkliste: Marketing, Vertrieb, Kundenzufriedenheit
Checkliste: Wirtschaftliche Kenntnisse
Checkliste: Umgang mit Liquiditätsengpässen
Checkliste: Finanzierung und Fördermittel

Kapitel 7: Gewusst wie, gewusst wo
Checkliste: Marktanalyse
Checkliste: Marketingstrategie
Checkliste: Vorstellung der GbR
Checkliste: Investitionsplan
Checkliste: Inhalt einer Rechnung
Checkliste: vereinfachte Rechnung
Checkliste: Kundendaten

Anhang: Die GbR im Rahmen der freien Berufe
Mustervertrag Gemeinschaftspraxis

Überall, wo Sie das Icon sehen, finden Sie die Texte vollständig im DIN-A4-Format auf der CD-ROM – direkt zum Übernehmen in Ihre Textverarbeitung.

Bibliografische Information Der Deutschen Bibliothek
Die Deutsche Bibliothek verzeichnet diese Publikation in der Deutschen Nationalbibliografie; detaillierte bibliografische Daten sind im Internet über <http://dnb.ddb.de> abrufbar.

ISBN 3-448-06808-X Bestell-Nr. 07162-0001

Redaktionsanschrift: Postfach 13 63, 82142 Planegg
Hausanschrift: Fraunhoferstraße 5, 82152 Planegg
Telefon (089) 8 95 17-0, Telefax (089) 8 95 17-2 50
Internet: http://haufe.de, E-Mail: erste-hilfe@haufe.de
Lektorat: Jasmin Jallad, Nicole Forstner

Idee & Konzeption: Dr. Matthias Nöllke, Textbüro Nöllke München
Umschlaggestaltung: Luxus Medien Daniel Gunia, 86836 Graben
Lektorat und DTP: Text+Design Jutta Cram, 86391 Stadtbergen, www.textplusdesign.de
Druck: Schätzl Druck, 86609 Donauwörth

Michael Grab

Die GbR

Unternehmen erfolgreich gründen und führen

Inhalt

Vorwort

So selbstverständlich es auch klingen mag: Die ausführliche Beschäftigung mit den rechtlichen und steuerlichen Hintergründen ist neben den zwingend erforderlichen fachlichen Kenntnissen eine unerlässliche Voraussetzung für den unternehmerischen Erfolg und das Gelingen einer Existenzgründung. Dies gilt natürlich auch für den Fall, dass sich die Gründer einer Gesellschaft bürgerlichen Rechts, kurz GbR genannt, bedienen wollen.
Die GbR ist eine, vor allem bei Existenzgründern, sehr beliebte Rechtsform. Dies deshalb, da sie einfach und ohne viel Aufwand zu gründen ist. Dennoch gibt es einiges zu beachten, damit die Gründung von Anfang an auf eine solide Basis gestellt ist und Unstimmigkeiten unter den Gesellschaftern von vorneherein vermieden werden. Die gesetzlichen Vorschriften zur GbR geben dafür einen sinnvollen Rahmen vor. Dennoch ist es ratsam, dass die Gründer die Einzelheiten und Besonderheiten ihrer Gesellschaft ausdrücklich regeln. Dies kann durch interessengerechte Gestaltung des Gesellschaftsvertrags erreicht werden. Der vorliegende Ratgeber aus der erfolgreichen Reihe „Erste Hilfe“ soll dazu und zur weiteren Betätigung mit der GbR die nötigen Anregungen und Hinweise liefern.

Rechtsanwalt Michael Grab

Ist die GbR die richtige Rechtsform für Ihr Vorhaben?

Was ist eine GbR?

Praxis-Beispiel

Kiosk im Schwimmbad

Hans Meier und Lotte Müller beschließen, zusammen einen Kiosk im örtlichen Schwimmbad zu betreiben. Sie haben vor, dafür ihre Ersparnisse von zusammen 15.000 Euro zu investieren. Sie rechnen mit einem Jahresumsatz von 80.000 bis 100.000 Euro. Sie haben bereits eine Zusage der Betreibergesellschaft des Schwimmbades und möchten so schnell wie möglich loslegen. Ist die GbR die geeignete Rechtsform für dieses Vorhaben?

GbR – Gesellschaft bürgerlichen Rechts

Was hat eine zahnärztliche Gemeinschaftspraxis mit einem Zusammenschluss von Bauunternehmen, die eine Autobahn bauen, gemeinsam? Oder ein Ehepaar, das eine Ferienwohnung vermietet mit einer Sozietät von Rechtsanwälten? Auf den ersten Blick nicht viel. Rechtlich jedoch werden sie sich alle der gleichen Gesellschaftsform bedienen, nämlich der GbR. Bei einer Gesellschaft bürgerlichen Rechts, kurz GbR oder teilweise auch BGB-Gesellschaft genannt, schließen sich mehrere Personen durch Vereinbarung zur Verfolgung eines gemeinsamen Zweckes zusammen. Die GbR ist damit eine Personengesellschaft und ist zum einen abzugrenzen von der bloßen Einzelunternehmung, zum anderen von den anderen Formen der Personengesellschaften sowie von den Kapitalgesellschaften, wie z. B. der GmbH und der AG. Grob vereinfachend kann gesagt werden, dass bei einer Personengesellschaft die Person der Gesellschafter im Vordergrund steht, wohingegen bei einer Kapitalgesellschaft das Kapital als im Mittelpunkt stehend betrachtet und diesem sozusagen ein Eigenleben zugestanden wird.

CD-ROM

Übersicht: Die wichtigsten Rechtsformen

Rechtsform	Merkmale und Besonderheiten
Gesellschaft mit beschränkter Haftung (GmbH)	Kapitalgesellschaft, Mindeststammkapital: EUR 25.000
Aktiengesellschaft (AG)	Kapitalgesellschaft, Mindeststammkapital: EUR 50.000
Gesellschaft bürgerlichen Rechts (GbR)	Personengesellschaft, unbeschränkte Haftung der Gesellschafter
Offene Handelsgesellschaft (oHG)	Personengesellschaft, unbeschränkte Haftung der Gesellschafter
Kommanditgesellschaft (KG)	Personengesellschaft, Haftung der Kommanditisten auf Einlage beschränkt

Typische Erscheinungsformen der GbR

Zusammenschluss von Nichtkaufleuten zu wirtschaftlichen Zwecken

In der sperrigen Sprache der Juristen handelt es sich bei so genannten Nichtkaufleuten um Gewerbetreibende, deren Unternehmen nach Art oder Umfang einen in kaufmännischer Weise eingerichteten Gewerbebetrieb nicht erfordert und die nicht im Handelsregister eingetragen sind. Bei Zusammenschlüssen solcher Art handelt es sich daher meist um kleinere Unternehmen.
Beispiel: gemeinsamer Betrieb eines Kiosks durch zwei Freunde

Gesellschaft zwischen Ehegatten

Gesellschaften unter Ehegatten sind möglich. Das Vorliegen einer Gesellschaft unter Eheleuten wird in der Regel jedoch nur dann bejaht, wenn eine solche ausdrücklich gegründet wurde und die Tätigkeit nicht nur der allgemeinen familiären Beistandspflicht entspringt.
Beispiel: gemeinsamer Betrieb eines Erwerbsgeschäfts durch Ehegatten.

Zusammenschlüsse im Bereich der freien Berufe

Als Angehörige der so genannten „freien Berufe“ gelten beispielsweise Ärzte, Architekten, Ingenieure, Rechtsanwälte und Steuerberater. Sofern sich Angehörige der freien Berufe zusammenschließen wollen, kommt dafür grundsätzlich die GbR in Frage. So ist z. B. die Sozietät bei Rechtsanwälten oder die Gemeinschaftspraxis bei Ärzten und Zahnärzten in der Regel eine GbR. Die Angehörigen der freien Berufe haben jedoch auch die Möglichkeit, sich in einer Partnerschaft nach dem Partnerschaftsgesellschaftsgesetz (PartGG) zu organisieren.

Gelegenheitsgesellschaften

In vielen Fällen handelt es sich bei einer GbR lediglich um eine so genannte Gelegenheitsgesellschaft, also eine Gesellschaft, die nicht auf lange Dauer angelegt ist oder die absehbar zeitgebunden ist. Als solche Gelegenheitsgesellschaften gelten im täglichen Leben z. B.

- Tippgemeinschaften von Lottospielern,
- Fahrgemeinschaften unter Arbeitskollegen,
- das gemeinsame Anmieten eines Tennisplatzes für ein Tennismatch durch zwei Sportsfreunde.

Auch in der Wirtschaft gibt es Gelegenheitsgesellschaften in Form der GbR. Die bekanntesten sind:

- Die Arbeitsgemeinschaft im Baugewerbe: Dabei handelt es sich um einen Zusammenschluss von Bauunternehmen zur Durchführung eines bestimmten Bauprojekts. Für derlei Gesellschaften hat sich die Abkürzung „ARGE“ eingebürgert. *Arbeitsgemeinschaft im Baugewerbe*
- Das Konsortium: Dabei handelt es sich um projektbezogene Zusammenschlüsse von Banken oder Unternehmen, meist zum Zwecke der Finanzierung oder der Risikoverteilung. *Konsortium*
- Die Interessengemeinschaft: Dabei vereinbaren beispielsweise mehrere Unternehmen eine Zusammenarbeit in bestimmten Bereichen, wie etwa Einkauf oder Vertrieb. *Interessengemeinschaft*

Sonstige Zusammenschlüsse mit vermögensrechtlichen Beziehungen

Eine Gesellschaft bürgerlichen Rechts kann auch bei sonstigen Zusammenschlüssen mit vermögensrechtlichen Beziehungen der Beteiligten vorliegen:

Beispiele:
- Die gemeinsame Anmietung einer Wohnung durch die Mitglieder einer Wohngemeinschaft.
- Die gemeinsame Anmietung und Bewirtschaftung eines Ausstellungsraums durch mehrere Künstler.
- Die gemeinsame Pacht und Bewirtschaftung eines Jagdreviers durch mehrere Jäger.

Gesellschaften zur Verwaltung von Immobilien, Grundbesitz oder sonstigem Vermögen

Immobilien und Grundbesitz werden oftmals in Form einer Grundstücksverwaltungsgesellschaft bewirtschaftet. Dabei schließen sich mehrere Grundstückseigentümer zur gemeinsamen Verwaltung von Grundbesitz oder Immobilien zusammen. Vergleichbar gibt es Gesellschaften zur gemeinschaftlichen Verwaltung von Vermögen.

Unterscheidung Innen- und Außengesellschaft

Normalfall Außengesellschaft

Die GbR kann eine reine Innengesellschaft oder eine Außengesellschaft darstellen. Entscheidend ist, ob die GbR am Rechtsverkehr teilnimmt und ein Gesamthandsvermögen bildet. Ist dies der Fall, handelt es sich um eine Außengesellschaft. Da die GbR in den meisten Fällen auf irgendeine Art und Weise am Rechtsverkehr teilnimmt und ein Gesellschaftsvermögen bildet, ist die Außengesellschaft der Normalfall. Wichtig ist die Unterscheidung für die Frage der Rechts- und Parteifähigkeit, da die Rechtsprechung nur der Außengesellschaft die Rechts- und Parteifähigkeit zuerkennt.

Vorüberlegung: Kommt die GbR für unser Vorhaben überhaupt in Frage?

Zunächst sollten sich Hans und Lotte darüber im Klaren sein, ob sie tatsächlich beide am Betrieb des Kiosks beteiligt sein wollen. Eine GbR setzt voraus, dass sich mehrere Personen, mindestens jedoch zwei, zur Verfolgung eines gemeinsamen Zwecks zusammentun. Sofern Hans den Kiosk alleine betreibt, handelt es sich um ein Einzelunternehmen und nicht um eine GbR.

Praxis-Beispiel

Hans und Lottes Büdchen

Hans und Lotte überlegen sich, dass sie die gängigen Zeitschriften und vor allem auch Getränke und kleinere Speisen anbieten wollen. Hans würde am liebsten sofort anfangen. Lotte hingegen ist der Ansicht, dass sie noch weitere Überlegungen anstellen sollten, um später nicht unangenehm überrascht zu werden. ◀

Hans und Lotte sollten für ihr Vorhaben zunächst feststellen, ob es bei den Besuchern des Schwimmbades einen Bedarf an dem geplanten Angebot gibt und ob die zu erwartende Nachfrage überhaupt den wirtschaftlichen Betrieb eines Kiosks erwarten lässt. Dafür sollten die beiden den Kapitalbedarf ermitteln und einen Business-Plan erstellen. Des Weiteren sollten Hans und Lotte ein Marketingkonzept entwickeln und klären, ob und wie die Finanzierung des Vorhabens gesichert werden kann. Danach ist zu klären, ob die GbR die geeignete Rechtsform für das Vorhaben ist. Sofern sich Hans und Lotte darüber einig sind, den Kiosk gemeinsam betreiben zu wollen, kommt eine GbR grundsätzlich in Betracht. Die beiden müssen sich jedoch im Klaren sein, dass sie im Rahmen einer GbR mit ihrem Privatvermögen für die Verbindlichkeiten der Gesellschaft haften. Die unbeschränkte Haftung der Gesellschafter ist der große Nachteil der GbR.

Haftungsrisiken bei der GbR

GbR – Haftung mit dem Privatvermögen

Sofern Hans und Lotte mit ihrem Kiosk in die Verlustzone geraten und ihre Verbindlichkeiten nicht mehr begleichen können, sind sie grundsätzlich mit ihrem Privatvermögen dem Zugriff ihrer Gläubiger ungeschützt ausgesetzt. Dies könnte etwa der Fall sein, wenn sich der Umsatz des Kiosks nicht wie geplant entwickelt oder unerwartet einbricht, z. B., weil das Schwimmbad durch Eröffnung eines attraktiveren Thermalbades in der Umgebung plötzlich schwächer frequentiert wird als zuvor. Hans und Lotte sollten sich deshalb überlegen, ob für ihr Vorhaben nicht die GmbH die bessere Gesellschaftsform ist. Die GmbH bietet nämlich die Möglichkeit, das Privatvermögen der Gesellschafter vor dem Zugriff der Gläubiger zu schützen.

Die wichtigsten Rechtsformen: Vor- und Nachteile

Rechtsform	Vorteile	Nachteile
Gesellschaft mit beschränkter Haftung (GmbH)	Keine persönliche Haftung der Gesellschafter. Geschäftsführergehalt steuerlich absetzbar	Hoher formeller Aufwand; Mindeststammkapital erforderlich
Aktiengesellschaft (AG)	Zugang zu den Kapitalmarktbörsen zum Zwecke der Kapitalbeschaffung	Keine unmittelbare Einflussmöglichkeit und kein Weisungsrecht der Anteilseigner; Mindeststammkapital erforderlich
Gesellschaft bürgerlichen Rechts (GbR)	Keine Formvorschriften, daher unkomplizierte Gründung möglich. Kein Mindestkapital erforderlich.	Persönliche Haftung der Gesellschafter mit Privatvermögen
Offene Handelsgesellschaft (oHG)	Traditionell hohe Kreditwürdigkeit aufgrund kaufmännischer Haftung und Formvorschriften	Persönliche Haftung der Gesellschafter mit Privatvermögen, Handelsregistereintragung ist Pflicht.
Kommanditgesellschaft (KG)	Für Komplementär: Einfache Möglichkeit der Kapitalbeschaffung durch Beteiligung des Kommanditisten. Für Kommanditist: Haftung auf Einlage begrenzt.	Für Komplementär: persönliche Haftung mit Privatvermögen Für Kommanditist/ en: kein Einfluss auf Geschäftsführung, Handelsregistereintragung ist Pflicht

Da für die Gründung einer GmbH jedoch ein Mindestkapital von 25.000 Euro aufzubringen ist, sehen sich Hans und Lotte nicht in der Lage, eine solche zu gründen.

Alternative englische Limited?

Beschränkung der persönlichen Haftung

Mittlerweile hat sich die Möglichkeit herumgesprochen, durch Gründung einer ausländischen Kapitalgesellschaft, insbesondere einer englischen Limited (eigentlich: Private limited company by shares), die persönliche Haftung zu beschränken oder gar auszuschließen. Der Europäische Gerichtshof hat in einer Grundsatzentscheidung in der Rechtssache „Überseering“ (Europäischer Gerichtshof, Urteil vom 05.11.2002, RS. C - 439/99) festgestellt, dass es gegen Europäisches Recht verstößt, wenn die Behörden und Gerichte eines Mitgliedsstaates einer in einem anderen Mitgliedsstaat gegründeten und registrierten Gesellschaft die Rechts- und Parteifähigkeit im Inland versagen, wenn diese dort ihren Verwaltungssitz hat. Der deutsche Bundesgerichtshof hat in der Folge diese Auffassung unter Änderung seiner bisherigen Rechtsprechung bestätigt (BGH, Urteil vom 13. März 2003, VIII ZR 370/98). Nun ist damit also anerkannt, dass eine in einem anderen Mitgliedsstaat der Europäischen Union gegründete Gesellschaft auch im Inland als rechts-, partei- und prozessfähig anzusehen ist. Dies hat speziell im Fall der englischen Limited (ltd.) zu einem Gründungsboom geführt, da diese verhältnismäßig schnell und mit wenig Kapital gegründet werden kann. An dieser Stelle soll auf das Thema nicht weiter eingegangen werden, da sich die Frage der Gründung einer ausländischen Kapitalgesellschaft hauptsächlich als Alternative zur Gründung einer GmbH stellt. Trotzdem ein deutlicher Hinweis: mit der Gründung einer ausländischen Kapitalgesellschaft sieht man sich nicht nur mit einer fremden Rechtsordnung, sondern in der Regel auch mit einer fremden Sprache konfrontiert. Sofern man die Gründung einer solchen Gesellschaft ernsthaft erwägt, ist daher besonders auf die Auswahl kompetenter Berater in rechtlicher und steuerlicher Hinsicht zu achten oder gegebenenfalls gleich der Erwerb einer sogenannten Vorratsgesellschaft bei einem darauf spezialisierten Anbieter in Betracht zu ziehen. Dennoch sollte gut überlegt werden, ob die Gründung einer Kapitalgesellschaft überhaupt den persönlichen Bedürfnissen und

Umständen entspricht. Dies vor allem deshalb, da es sowohl bei der Gründung als auch bei der Führung einer Kapitalgesellschaft viele Formalitäten zu beachten gilt, was zu einem beträchtlichen Aufwand führen kann.

Keine steuerlichen Vorteile

Für Hans und Lotte kommt die Gründung oder der Erwerb einer ausländischen Kapitalgesellschaft nicht in Betracht. Da sie ohnehin nur in Deutschland tätig sein wollen, hätten sie keine steuerlichen Vorteile. Darüber hinaus befürchten sie, von Ihren Lieferanten dann als nicht kreditwürdig angesehen zu werden. Nach längerer Abwägung kommen Hans und Lotte zu dem Schluss, dass sie mit dem Risiko einer unbegrenzten Haftung leben können. Ausweislich des von ihnen erstellten Business- und Finanzierungsplans können sie eine Durststrecke von mehreren Monaten überstehen. Sie sind sich daher sicher, die Pacht für die Räumlichkeiten und die sonstigen Vorleistungen für das Angebot des Kiosks auch dann aufbringen zu können, wenn der Umsatz unter den Erwartungen bleibt.

Vorteil: Wenig Formalitäten – einfache Handhabung

Bei einer GbR sind grundsätzlich nur wenige Formalitäten zu beachten. Die Handhabung ist verhältnismäßig einfach. Hans und Lotte sind sich daher einig, dass die GbR sowohl vom rechtlichen als auch vom praktischen Aspekt her die richtige Gesellschaftsform für ihr Vorhaben ist.

Finanzierung und Planung einer GbR

Praxis-Beispiel

Eigenkapital und Fördermittel

Hans und Lotte sind bereit ihr Erspartes für ihr Vorhaben einzusetzen. Sie haben aber gehört, dass es die Möglichkeit gibt, Fördermittel zu beantragen. Sie möchten sich nun informieren, ob eine Förderung für ihr Vorhaben in Betracht kommt. ◀

Für die eigentliche Gründung einer GbR fallen in der Regel keine Kosten an. Anders sieht es allerdings für den Fall aus, dass der Gesellschaftsvertrag notariell beurkundet werden soll. Dann fallen natürlich die sich nach der Gebührenordnung für Notare richtenden Notargebühren an. Gegebenenfalls sind noch die Gebühren für eine Gewerbeanmeldung zu entrichten.

Business-Plan

CD-ROM

Selbstverständlich kann jedoch die Tätigkeit der GbR gewisse Investitionen voraussetzen. Um die hierfür zu veranschlagenden Kosten so genau wie möglich überblicken zu können, ist es unbedingt empfehlenswert, vorab einen Business-Plan zu erstellen. Diese Checkliste und eine Software zur Erstellung eines professionellen Businessplans finden Sie auf Ihrer CD-ROM.

Checkliste

Mindestinhalt eines Business-Plans	ja	nein
Vorab: Zusammenfassung und Beschreibung der Geschäftsidee	✓	
Darstellung des Produkts bzw. der Dienstleistung		
Marktanalyse		
Angestrebte Marketingstrategie		
Beschreibung der GbR und Vorstellung der Gesellschafter		
Darstellung der Chancen und Risiken		
Finanzierungs- und Kapitalbedarfsplan		

Fördermittel

Im Rahmen der Erstellung des Business-Plans sollten Sie auch überprüfen, ob Sie für Ihre angestrebte Tätigkeit Fördermittel beantragen können.

EU, Bund, Länder

Interessant sind insofern insbesondere die öffentlichen Fördermittel aus Programmen der Europäischen Union, des Bundes, der Länder und ihrer jeweils zuständigen Einrichtungen, wie z. B. der Kreditanstalt für Wiederaufbau oder der Deutschen Ausgleichsbank.

Informationen

Sowohl die Voraussetzungen für die Gewährung öffentlicher Förderung als auch die Art der Förderung sind teils sehr unterschiedlich. Nähere Informationen über Förderprogramme gibt es bei den Wirtschaftsministerien des Bundes und der Länder. Auskünfte erteilen auch Banken und Sparkassen sowie die Industrie- und Handelskammern und Handwerksammern vor Ort.

Finanzierung durch Kredit

Daneben kommt für die Finanzierung vor allem noch die Aufnahme von Fremdkapital in Form eines Darlehens in Betracht. Hier wird zunächst Ihre Hausbank der Ansprechpartner für die Möglichkeit der Gewährung eines Bankkredits sein. Da das Kreditgeschäft jedoch für die Banken aufgrund der Verzinsung lukrativ ist, sollten Sie sich bei der Anfrage nicht nur auf Ihre Hausbank beschränken. Es soll jedoch nicht verschwiegen werden, dass die Hürden für die Gewährung eines Bankkredits in der Regel recht hoch sind und die Banken nur bei Vorhandensein entsprechender Sicherheiten zur Gewährung eines solchen bereit sind.

Finanzierungs- und Kapitalbedarfsplan

Business-Plan als Voraussetzung für Kredit

Der als Teil des Business-Plans erstellte Finanzierungs- und Kapitalbedarfsplan sollte also unbedingt aufzeigen, ob und in welcher Höhe Sie für die angestrebte Tätigkeit auf Fremdkapital in Form von Bank oder Förderkrediten zurückgreifen müssen. Hier schließt sich der Kreis, denn ein vernünftiger Business-Plan ist in der Regel die Mindestvoraussetzung, um eine Kredit- oder Fördermittelzusage zu bekommen.

Inhalte des Finanzierungs- und Kapitalbedarfsplans	ja	nein
Investitionsplan: Ermittlung des Kapitalbedarfs für Gründung	✓	
Eigentlicher Finanzierungsplan: Deckung des Kapitalbedarfs		
Liquiditätsplan: Ermittlung der fixen monatlichen Kosten		
Rentabilitätsprognose: Einschätzung der Rentabilität		

Weitere Informationen zum Thema Fördermittel:

Zum Thema Fördermittel haben sowohl das Bundesministerium für Wirtschaft und Arbeit als auch die KfW Mittelstandsbank spezielle Informationszentren mit angeschlossener Telefonhotline eingerichtet:

- Bundesministerium für Wirtschaft und Arbeit
  BMWA-Förderberatung
  Scharnhorststr. 34-37
  10115 Berlin
  Tel.: 0 18 88/615-80 00
  Fax: 018 88/615-70 33
  www.bmwa.bund.de
- Kreditanstalt für Wiederaufbau - KfW Mittelstandsbank
  Infocenter
  Palmengartenstr. 5-9
  60325 Frankfurt/Main
  Tel.: 01 801/24 11 24 (Ortstarif)
  Fax: 02 28/831 75 62
  infocenter@kfw-mittelstandsbank.de

Weitere Adressen und Ansprechpartner finden Sie auf S. 148 und auf der beiliegenden CD-ROM.

Was sollten Sie über die GbR wissen?

Entstehung der GbR

Zur Gründung einer GbR bedarf es mindestens zweier Personen, die sich vertraglich verpflichten, zur Förderung eines gemeinsamen Zwecks tätig zu sein. Dabei kann es sich um jeden gesetzlich zulässigen Zweck handeln.

Mindestens zwei Personen

Gesetzliche Regelung

Im Gesetz ist die Gesellschaft in den §§ 705 ff. des Bürgerlichen Gesetzbuchs (BGB) geregelt. Die meisten dieser Vorschriften sind allerdings dispositiv, das heißt, sie sind zur Disposition der Gesellschafter gestellt. Sie können somit vertraglich davon abweichen und vereinbaren, was Sie für sinnvoll und richtig halten. Sofern eine vertragliche Regelung des Gesellschaftsverhältnisses existiert, sind die gesetzlichen Vorschriften über die Gesellschaft daher nur noch ergänzend von Bedeutung. Sofern Sie jedoch keine ausdrückliche vertragliche Regelung treffen, gelten die gesetzlichen Vorschriften.

Dispositive Vorschriften

Gesellschaftsvertrag

Die Gesellschafter der GbR verpflichten sich vertraglich, einen gemeinsamen Zweck zu fördern. Ein solcher Vertrag bedarf in den meisten Fällen keiner bestimmten Form, Sie können ihn somit grundsätzlich auch mündlich abschließen. Es empfiehlt sich jedoch unbedingt der Abschluss eines schriftlichen Vertrags. Zum einen können Sie als Gesellschafter damit näher bestimmen, auf welche Art sich das Gesellschaftsverhältnis gestalten soll. Zum anderen hat eine vertragliche Regelung grundsätzlich auch immer den Sinn, Streitigkeiten bezüglich der Gesellschaft oder einzelner Fragen von

Festlegung eines gemeinsamen Zwecks

vorneherein auszuschließen, da die Beteiligten sich ja genau darüber geeinigt haben. Nicht zuletzt bietet Ihnen ein schriftlicher Vertrag auch eine gewisse Vorsorge für den Fall, dass die Gesellschafter Ihrer GbR zu einem späteren Zeitpunkt trotz allem in Streit geraten und dann ohne Rücksichtnahme versuchen, ihre jeweiligen Interessen geltend zu machen. Dies ist häufiger der Fall, als man annehmen möchte. Birgt das menschliche Zusammenleben immer auch das Risiko von Meinungsverschiedenheiten, so gilt dies umso mehr für eine enge Zusammenarbeit, wie sie üblicherweise im Rahmen einer GbR stattfindet.

Rechtsnatur des Gesellschaftsvertrags

Praxis-Beispiel

Klaus weigert sich

Anton Bauer bewirtschaftet ein Stück Ackerland, welches er gepachtet hat. Als sein Traktor nach langen Jahren den weiteren Betrieb verweigert, macht ihm sein Freund Klaus Farmer den Vorschlag, das Ackerland unter Einsatz seines neuen und äußerst leistungsfähigen Traktors gemeinsam zu bewirtschaften. Anton ist über den Vorschlag sehr erfreut und stimmt zu. Im Gesellschaftsvertrag wird festgehalten, dass Anton seine Rechte aus dem Pachtvertrag an die Gesellschaft abtreten und Klaus seinen Traktor in die Gesellschaft einbringen soll. Nach Vertragsschluss verlangt Anton von Klaus die Einlage zu erbringen, seine Rechte hat er allerdings noch nicht abgetreten. Klaus weigert sich daher, seinen Traktor einzubringen. Er will dies erst tun, wenn Klaus seine Rechte aus dem Pachtvertrag an die Gesellschaft abgetreten hat. ◂

Gegenseitiger Vertrag

Obwohl der Gesellschaftsvertrag nicht auf den Austausch von Leistungen, sondern auf die Vereinigung von Leistungen zur Verfolgung eines gemeinsamen Zwecks gerichtet ist, wird er heute als gegenseitiger Vertrag angesehen. Im Gegensatz zu einem nur einseitig verpflichtenden Vertrag stehen beim gegenseitigen Vertrag die jeweiligen Verpflichtungen der Vertragspartner in einem gegenseitigen Abhängigkeitsverhältnis, da jeder Vertragspartner seine Leistung nur um der Leistung des anderen Vertragspartners willen erbringen will. Aus diesem Gegenseitigkeitsverhältnis ergeben sich besondere Rechte und Pflichten. Dennoch sind die gesetzlichen Regeln über den gegenseitigen Vertrag für den Gesellschaftsvertrag nur mit Einschränkungen anwendbar. In unserem Beispiel etwa könnte Klaus aufgrund der Gegenseitigkeit des Vertragsverhältnisses berechtigt sein, die Leistung seiner Einlage zu verweigern, bis Anton seine Einlage erbracht hat. Die Vorschriften über den gegenseitigen Vertrag sehen ein solches Leistungsverweigerungsrecht vor, die so genannte „Einrede des nicht erfüllten Vertrages", § 320 BGB. Dieses wird von der Rechtsprechung bei einer GbR jedoch nur dann als anwendbar angesehen, wenn es sich um eine Gesellschaft mit nicht mehr als zwei Gesellschaftern handelt. Da die GbR im Beispielsfall nur aus zwei Gesellschaftern besteht, ist Klaus berechtigt, die Einbringung des Traktors in die Gesellschaft bis zur Abtretung der Rechte aus dem Pachtvertrag durch Anton zu verweigern.

Notarielle Beurkundung

Praxis-Beispiel

Notar, ja oder nein?

Norbert Reich erbt ein Mehrfamilienhaus in bester Lage. Alle Wohnungen sind vermietet. Da er sich selbst mit der Verwaltung von Immobilien nicht auskennt, vereinbart er mit dem erfahrenen Immobilienverwalter Marcel Parterre die Gründung einer Grundstücksverwaltungsgesellschaft. Im Gesellschaftsvertrag verpflichtet sich Norbert, das Haus an die neu zu gründende Gesellschaft zu übereignen. Marcel meint, der Gesellschaftsvertrag müsste notariell beurkundet werden. Norbert hat jedoch von seinem Freund Claus Clever gehört, dass der Gesellschaftsvertrag einer GbR nicht formbedürftig sei. Norbert wendet sich nun an Rechtsanwalt Redlich und bittet diesen um Auskunft. ◂

Grundsätzlich bedarf der Gesellschaftsvertrag keiner besonderen Form. Anders als dies beispielsweise bei der Satzung einer GmbH der Fall ist, ist daher auch keine notarielle Beurkundung des Gesellschaftsvertrags erforderlich. Eine Ausnahme zur Regel: Enthält ein Vertrag die Verpflichtung zur Übertragung des Eigentums an einem Grundstück, ist der Vertrag notariell zu beurkunden (§ 311 b BGB). Rechtsanwalt Redlich klärt Norbert daher darüber auf, dass der Gesellschaftsvertrag der notariellen Form bedarf.

Gerichtliche Genehmigung

Die andere Ausnahme zur Regel: Bei der Beteiligung von Minderjährigen an einer auf den Betrieb eines Erwerbsgeschäfts ausgerichteten Gesellschaft ist die Genehmigung des Familien- bzw.Vormundschaftsgerichts erforderlich. Minderjährig ist, wer nicht volljährig ist, also Kinder und Jugendliche unter 18 Jahren.

Die Gesellschafter

Die GbR setzt sich als Personengesellschaft aus ihren Mitgliedern, den Gesellschaftern, zusammen. Als Gesellschafter einer GbR kommen vor allem in Betracht:

- Natürliche Personen, beispielsweise Hans Müller und Otto Meier
- Juristische Personen, beispielsweise eine GmbH oder eine AG
- Personengesellschaften, beispielsweise eine oHG, aber auch eine andere GbR

Formen der Mitgliedschaft

Mitglied einer GbR wird man in der Regel entweder durch Teilnahme am Gründungsvorgang, sprich dem Abschluss des Gesellschaftsvertrags oder dem Beitritt zu einer bereits gegründeten GbR. Die Mitgliedschaft kann aber auch durch Rechtsnachfolge im Falle des Todes eines Gesellschafters oder durch Übertragung der Gesellschafterstellung übergehen. Letzteres ist entgegen dem Wortlaut des Gesetzes möglich.

Minderjährige als Gesellschafter

Eltern als gesetzliche Vertreter

Jede natürliche Person kann Gesellschafter einer GbR sein. Deshalb haben auch Minderjährige die Möglichkeit Gesellschafter zu sein. Da Kinder jedoch nicht oder nicht voll geschäftsfähig sind, können sie keinen rechtsverbindlichen Gesellschaftsvertrag abschließen. Der Gesellschaftsvertrag muss daher von den Eltern als den gesetzlichen Vertretern des Kindes geschlossen werden. Sofern allerdings die Eltern oder ein Elternteil an derselben Gesellschaft als Gesellschafter beteiligt sind, können Sie das Kind beim Abschluss des Gesellschaftsvertrags nicht vertreten. Für diesen Fall muss zum Abschluss des Gesellschaftsvertrags vom Familiengericht ein so genannter Pfleger bestellt werden, §§ 1629 II, 1909 I BGB.

Genehmigung des Familiengerichts

Auf jeden Fall ist für die Beteiligung eines Minderjährigen an einer Gesellschaft eine Genehmigung des Familiengerichts erforderlich, sofern die Gesellschaft den Betrieb eines Erwerbsgeschäfts zum Gegenstand hat, §§ 1643, 1822 Nr. 3 BGB. Unter den Begriff des Erwerbsgeschäfts fallen Tätigkeiten in folgenden Bereichen, sofern diese dauerhaft und mit der Absicht Gewinn zu erzielen ausgeübt werden:

- Handel
- Herstellung
- Handwerk
- Landwirtschaft
- Freiberufliche Tätigkeit, auch künstlerischer Art

Ist ein Minderjähriger an einer Gesellschaft beteiligt, so ist er zur fristlosen Kündigung der Gesellschaft berechtigt, sobald er das 18. Lebensjahr vollendet hat, also sobald er volljährig wird, § 723 I BGB.

Ehegatten

Es ist zu unterscheiden zwischen einer Ehegattengesellschaft, also einer GbR unter Ehegatten und einer GbR, an der sich Ehegatten beteiligen.

Ehegattengesellschaft

In der Praxis selten

Eine GbR unter Ehegatten ist zwar problemlos möglich, eine ausdrückliche Gründung einer solchen ist jedoch in der Praxis eher selten. Wenn Ehegatten zu einem bestimmten Zweck zusammenwirken, so geschieht dies meist nur, um die Voraussetzungen für die Verwirklichung der familiären Gemeinschaft, beispielsweise etwa durch die Errichtung eines Eigenheims, zu schaffen. Eine GbR liegt dabei in der Regel nicht vor. Nur, wenn die Eheleute zur Verfolgung eines gemeinsamen Zwecks zusammenwirken, der über den typischen Rahmen der ehelichen Lebens- oder Familiengemeinschaft hinausgeht, kommt die Annahme einer, ggf. auch stillschweigend gegründeten, GbR infrage.

Relevant im Scheidungsfall

Relevant ist die Frage nach dem Vorliegen einer GbR vor allem für den Fall der Scheidung, da durch die GbR ggf. über den Zugewinnausgleich hinausreichende gesellschaftsrechtliche Ausgleichsansprüche begründet werden können, etwa, wenn eine gemeinsame Firma bereits lange vor der Heirat aufgebaut und geführt wurde. Unterliegt die Ehe der Gütertrennung, findet nach der Scheidung kein Vermögensausgleich statt. Es wird daher bei vereinbarter Gütertrennung oftmals versucht, durch die Behauptung oder die Annahme einer GbR einen Vermögensausgleich zu erreichen.

Beteiligung von Ehegatten an einer GbR

Zugewinngemeinschaft

Gilt für eine Ehe der Güterstand der Zugewinngemeinschaft, kann unter Umständen die Zustimmung des anderen Ehepartners für den Abschluss des Gesellschaftsvertrages erforderlich sein, sofern nur einer der Ehepartner Gesellschafter der GbR werden will. Im gesetzlichen Güterstand der Zugewinngemeinschaft kann sich nämlich ein Ehegatte nur mit Einwilligung des anderen Ehegatten verpflichten, über sein Vermögen im Ganzen zu verfügen, § 1365 I BGB. Dies gilt auch für eine Verfügung, die nahezu das ganze Vermögen umfasst. Die Gründe liegen auf der Hand: Die Ehe oder die Familie soll in ihrer wirtschaftlichen Existenz geschützt werden, der andere Ehepartner in seinen wirtschaftlichen Interessen für den Fall der Scheidung. Sofern sich also ein Ehepartner gesellschaftsvertraglich verpflichten will, sein ganzes oder nahezu ganzes Vermögen in eine GbR einzubringen, ist dafür die Zustimmung des anderen Ehepartners erforderlich.

Nichteheliche Lebensgemeinschaft

Eine nichteheliche Lebensgemeinschaft stellt in der Regel keine GbR dar, jedoch kann unter gewissen Umständen auf die Grundsätze der GbR zurückgegriffen werden. Dies kann anlässlich der Beendigung einer nichtehelichen Lebensgemeinschaft von Bedeutung sein. Dies deshalb, da die Partner, anders als etwa im Rahmen der Zugewinngemeinschaft, bei Beendigung der Lebensgemeinschaft keine Ausgleichsansprüche haben. Insbesondere gelten Leistungen und Zuwendungen, die ein Partner erbracht hat, als ersatzlos, das heißt, sie sind im Rahmen der Trennung nicht auszugleichen. Für einzelne Vermögenswerte und -gegenstände können jedoch im Rahmen der Auseinandersetzung der nichtehelichen Lebensgemeinschaft gesellschaftsrechtliche Grundsätze gelten. Als Mindestvoraussetzung dafür wird angesehen, dass die Partner im Innenverhältnis die Absicht hatten, einen gemeinschaftlichen Wert zu schaffen, der nicht nur von beiden Partnern genutzt werden, sondern der beiden Partnern gehören sollte. Dies kann beispielsweise bei einem von beiden Partnern gemeinsam aufgebauten Unternehmen der Fall sein.

Experten-Tipp

Vertrag schließen

Sofern die Partner einer nichtehelichen Lebensgemeinschaft einen gemeinsamen Vermögenswert schaffen oder erwerben, sollte eine entsprechende vertragliche Vereinbarung dazu getroffen werden, die auch den Fall der Trennung berücksichtigt und eine entsprechende Regelung für einen Ausgleich enthält. Anders als dies beispielsweise beim gesetzlichen Güterstand der Zugewinngemeinschaft für die Ehe der Fall ist, gibt es nämlich im Rahmen der nichtehelichen Lebensgemeinschaft keinen gesetzlich geregelten Ausgleich bei Beendigung der Lebensgemeinschaft. Haben die Partner gemeinsame Vermögensgegenstände geschaffen oder erworben, führt eine Trennung ohne entsprechende vertragliche Regelung oftmals zu massiven und nicht selten langwierigen und kostspieligen Auseinandersetzungen.

Rechte und Pflichten der Gesellschafter

Rechte der Gesellschafter

Die Mitgliedschaft begründet Rechte und Pflichten des Gesellschafters. Zu den Rechten des Gesellschafters zählt insbesondere die Möglichkeit der unmittelbaren Teilhabe an den Entscheidungen und Tätigkeiten der Gesellschaft, wobei es diesbezüglich allerdings üblich ist, dass im Gesellschaftsvertrag genauere Regelungen getroffen werden. Des Weiteren ist das Mitglied der Gesellschaft am Gesellschaftsvermögen beteiligt. Daneben gibt es noch weitere aus der Mitgliedschaft resultierende Rechte, die in der Praxis teilweise von erheblicher Wichtigkeit sind, wie z. B. der Anspruch auf Ersatz der für die Gesellschaft getätigten Aufwendungen oder das Recht, Ansprüche der Gesellschafter aus dem Gesellschaftsvertrag gegenüber einem Mitgesellschafter geltend zu machen.

Beitragspflicht

Praxis-Beispiel

Die unterschiedlichen Beiträge

Adalbert, dem ein Grillstand auf dem Viktualienmarkt gehört, gründet mit Barbara eine GbR. Es wird vereinbart, dass Adalbert als Beitrag zur Gesellschaft seinen Grillstand in diese einbringen soll und Barbara, die wenig Geld aber viel Zeit hat, dort als Gesellschaftsbeitrag mindestens fünf Tage in der Woche Würstchen verkaufen soll. ◂

Bei den sich aus der Mitgliedschaft ergebenden Pflichten des Gesellschafters steht aber an oberster Stelle die Verpflichtung, die vereinbarte Leistung zur Förderung des vereinbarten gemeinsamen Zwecks zu erbringen. Diese Pflicht wird Beitragspflicht genannt.

Wie der Beitrag des Gesellschafters genau auszusehen hat und wie er zu erbringen ist, wird üblicherweise im Gesellschaftsvertrag geregelt. Hierbei sollten Sie auf größte Übereinstimmung des Gesellschaftsvertrags mit dem tatsächlich vereinbarten Willen der Parteien achten, denn an der Frage, ob der tatsächlich geleistete Beitrag eines Gesellschafters dem vereinbarten Beitrag entspricht, entzünden sich in der Praxis nicht selten Streitigkeiten.

Beitragsarten

Der zu leistende Beitrag kann sowohl in der Zahlung von Geld, aber auch in der Leistung von Arbeit für die Gesellschaft zu erbringen sein. Es ist aber auch möglich, dass der zu leistende Beitrag in der Einbringung von Sachwerten besteht.

Durchsetzung der Beitragspflicht

Der Anspruch auf Leistung des vereinbarten Beitrags kann von der GbR geltend gemacht werden, soweit sie rechts- und parteifähig ist.

„actio pro socio"

Neben der Gesellschaft kann auch jeder Gesellschafter den Anspruch auf Leistung des vereinbarten Beitrags geltend machen, wobei allerdings nur Leistung an die Gesellschaft gefordert werden kann. Die Juristen sprechen insofern von der „actio pro socio“. Neben der Leistung des Beitrags können auch andere Sozialansprüche auf diese Weise geltend gemacht werden. Bei den Sozialansprüchen handelt es sich um Ansprüche der Gesellschaft gegenüber den einzelnen Gesellschaftern. Außer dem Anspruch auf Leistung der Beiträge handelt es sich beispielsweise um den Anspruch auf Leistung eines Nachschusses bei Ende der Gesellschaft oder auf Schadenersatz bei pflichtwidriger Geschäftsführung.

Treuepflicht

Die verweigerte Zustimmung

Die Bauunternehmer Fleißig, Mühe und Widrig schließen sich zusammen, um eine Gewerbeimmobilie zu errichten. Sie vereinbaren, dass die Baukosten von 1,5 Millionen Euro von den Gesellschaftern jeweils zu einem Drittel getragen werden sollen und demgemäß jeder Gesellschafter 500.000 Euro als Einlage in die Gesellschaft einzubringen hat. Nachdem die Bauarbeiten bereits weit fortgeschritten sind, stellt sich heraus, dass die veranschlagten Baukosten um weitere 60.000 Euro überschritten werden. Im Rahmen einer Gesellschafterversammlung plädieren Fleißig und Mühe für eine Beitragserhöhung um jeweils 20.000 Euro, Widrig jedoch ist aus grundsätzlichen Erwägungen dagegen, obwohl ihm die Einlage problemlos möglich wäre. Der Gesellschaftsvertrag sieht dafür keine besondere Regelung vor. Ist Widrig verpflichtet, die Zustimmung zur Beitragserhöhung zu erteilen? ◂

Handeln im Interesse der Gesellschaft

Eine weitere wichtige Pflicht ist die sich aus dem Gesellschaftsverhältnis ergebende Treuepflicht der Gesellschafter. Dieser Pflicht liegt die besondere gesamthänderische Verbindung der Gesellschafter zugrunde. Die Treuepflicht verpflichtet die Gesellschafter alle im Bezug und im Zusammenhang mit der Gesellschaft stehenden Handlungen und Betätigungen unter Berücksichtigung der Interessen der Gesellschaft als Gesamthand auszuüben. Demzufolge haben die Gesellschafter immer zunächst das Wohl und die Interessen der Gesellschaft und erst danach ihre individuellen Interessen im Auge zu behalten. Aus der Treuepflicht kann sich auch die Verpflichtung ergeben, einer Änderung des Gesellschaftsvertrags zuzustimmen. In unserem Beispiel steht einer Beitragserhöhung die gesetzliche Vorschrift des § 707 BGB entgegen, nach der ein Gesellschafter zur Erhöhung des vereinbarten Beitrags nicht verpflichtet ist. Vereinbart war hier, dass jeder Gesellschafter 500.000 Euro als Beitrag leisten soll. Um eine Grundlage für die Beitragserhöhung zu schaffen, ist daher eine Änderung des Gesellschaftsvertrags notwendig. Widrig weigert sich jedoch, einer solchen zuzustimmen. Aufgrund seiner Treuepflicht kann er hier jedoch die Zustimmung zur Änderung des Gesellschaftsvertrags nicht verweigern, er ist vielmehr zur Zustimmung verpflichtet. Dies deshalb, da eine entsprechende Änderung des Gesellschaftsvertrags erforderlich ist, um das kurz vor dem Abschluss stehende Bauvorhaben zu Ende bringen zu können. Gleichzeitig ist es Widrig unter Berücksichtigung seiner eigenen schutzwürdigen Belange auch zumutbar, die weiteren 20.000 Euro einzulegen, insbesondere, da ihm dies problemlos möglich ist und er durch die Erhöhung nicht in finanzielle Schwierigkeiten kommt.

Wettbewerbsverbot

Praxis-Beispiel

Der Konkurrent im eigenen Haus

Der junge Zahnarzt Max Krone schließt sich der Gemeinschaftspraxis der älteren Kollegen Bohr und Schleif an. Da die Praxis für seinen Geschmack zu wenig abwirft, schließt er sich zusätzlich noch einer anderen Gemeinschaftspraxis an und arbeitet dort zwei bis drei Tage in der Woche. Bohr und Schleif untersagen ihm diese Tätigkeit unter Berufung auf eine Klausel im Gesellschaftsvertrag, die ein Wettbewerbsverbot ausspricht. Krone ist der Ansicht, dass seine unternehmerische Freiheit auf diese Art und Weise nicht eingeschränkt werden könne und ignoriert zunächst die Untersagung. Nach einigen Tagen ist er sich seiner Sache jedoch nicht mehr ganz sicher und fragt Rechtsanwalt Redlich um Rat. ◂

Unzulässige Konkurrenztätigkeit

Das Gesetz sieht kein ausdrückliches Wettbewerbsverbot für die Gesellschafter einer GbR vor. Demzufolge ist es durchaus denkbar, dass sich ein Gesellschafter im Rahmen eigener, von der GbR getrennter Geschäftstätigkeit auf dem gleichen Geschäftsfeld wie die GbR betätigt und dieser somit Konkurrenz macht. Berücksichtigt man jedoch Sinn und Zweck der Gesellschaft bürgerlichen Rechts, die mit ihr einhergehende gesamthänderische Bindung der Gesellschafter und die sich wiederum aus dieser ergebende Treuepflicht, so muss eine solche Konkurrenztätigkeit eines Gesellschafters als unzulässig angesehen werden. Dies zumindest dann, sofern die Wettbe-

werbstätigkeit von einem geschäftsführenden Gesellschafter ausgeübt wird. Um sicher zu gehen, können sie ein Wettbewerbsverbot durch Aufnahme einer entsprechenden Klausel in den Gesellschaftsvertrag von sich aus festlegen. Sofern eine solche Klausel allerdings die Grenzen überschreitet, die das Wettbewerbsrecht solchen Vereinbarungen setzt, kann sie ggf. unzulässig sein.
Selbstverständlich ist eine Konkurrenztätigkeit möglich, wenn die Mitgesellschafter einer solchen zustimmen.

Nachvertragliches Wettbewerbsverbot

Praxis-Beispiel

Rudi soll nicht zapfen dürfen

Johnny Asbach, Rudi Fusel und Klaus Schummrig haben sich zum Betrieb einer Kneipe zu einer GbR zusammengeschlossen. Der Gesellschaftsvertrag enthält eine Klausel, nach der es einem ausgeschiedenen Gesellschafter zehn Jahre lang untersagt ist, in der selben Stadt einen gastronomischen Betrieb zu führen. Als sich Johnny und Rudi wegen der hübschen Bedienung Sissi in die Haare bekommen, kündigt Rudi die Gesellschaft. Nachdem ihm eine Selbstständigkeit im Bereich Import/Export nicht so richtig gelingen will, eröffnet er drei Jahre später in einem anderen Stadtteil seine eigene Kneipe. Kurze Zeit darauf bekommt er Post vom Rechtsanwalt seiner ehemaligen Mitgesellschafter. Darin wird er unter Verweis auf das nachvertragliche Wettbewerbsverbot im Gesellschaftsvertrag aufgefordert, seine Kneipe umgehend wieder zu schließen. ◂

Unzulässige Beschränkungen

Auch die Vereinbarung eines nachvertraglichen Wettbewerbsverbots ist in engen Grenzen möglich und in der Praxis häufig zu finden. Ein solches nachvertragliches Wettbewerbsverbot ist jedoch nur zulässig, wenn es den ausscheidenden Gesellschafter in seiner wirtschaftlichen Freiheit nicht unangemessen beschränkt. Dies ist im Beispiel der Fall. Die dort aufgeführten Beschränkungen sind örtlich, zeitlich und gegenständlich unangemessen. Streitpunkt ist in diesem Zusammenhang vor allem immer wieder die Frage nach der zeitlichen Beschränkung. Durch eine solche soll verhindert werden, dass ein ausscheidender Gesellschafter Kunden „mitnimmt" und ggf. sogar noch während seiner Tätigkeit für die Gesellschaft Werbung für seine neue Unternehmung machen kann. Als Faustregel kann man sagen, dass eine solche zeitliche Beschränkung dann zulässig ist, wenn der Zeitraum, für den eine Konkurrenztätigkeit verboten sein soll, nicht mehr als zwei Jahre nach dem Ausscheiden aus der Gesellschaft beträgt.

Geschäftsführung

Tatsächliche Handlungen

Unter den Begriff der Geschäftsführung fallen alle auf die Erreichung des Gesellschaftszwecks gerichteten tatsächlichen und rechtlichen Maßnahmen und Tätigkeiten für die Gesellschaft. Die Geschäftsführung kann also tatsächliche Handlungen umfassen, wie beispielsweise

- die Durchführung von Managementaufgaben,
- die Buchhaltung,
- die Führung von Korrespondenz,
- die Einberufung von Gesellschafterversammlungen.

Rechtsgeschäfte

Sie kann jedoch auch rechtsgeschäftliche Handlungen umfassen, wie beispielsweise

- Abschluss von Kaufverträgen (sowohl An- als auch Verkauf),
- Abschluss und Kündigung von Miet- oder Pachtverträgen,
- Abschluss und Kündigung von Arbeitsverträgen.

Die Geschäftsführung betrifft das Innenverhältnis der Gesellschafter zueinander. Die entsprechenden Vorschriften des Gesetzes oder des Gesellschaftsvertrags regeln ihren Inhalt und Umfang.

Gemeinschaftliche Geschäftsführung

Praxis-Beispiel

Hat Richard Recht?

Richard, Peter und Roland eröffnen zusammen einen Fahrradverleih. Da sie dafür nicht viel investieren müssen, halten sie es für überflüssig, extra einen schriftlichen Gesellschaftsvertrag aufzusetzen. Auch mündlich wird nicht viel besprochen, die Herren legen erst mal los. Nach einiger Zeit stören sich Peter und Roland daran, dass Richard ständig eigenmächtig und ohne vorherige Absprache handelt. Als sie Richard darauf ansprechen, gibt sich dieser selbstsicher. Er ist der Meinung, dass er als Ältester bestimmen darf, wo es lang geht und er deshalb keinesfalls Rücksprache halten müsse.

Regelungen zur Geschäftsführung

Nach der einschlägigen Vorschrift des Gesetzes (§ 709 BGB) sind alle Gesellschafter zur Geschäftsführung berechtigt und verpflichtet. Für jedes Geschäft ist also die Zustimmung aller Gesellschafter erforderlich. Das Gesetz beabsichtigt hiermit einen Schutz der einzelnen Gesellschafter. Da der Begriff der Geschäftsführung jedoch weit zu verstehen ist, kann sich diese Regelung in der Praxis als wahrer „Bremsklotz“ erweisen, da für jede Betätigung im Namen und Interesse der Gesellschaft die Zustimmung aller Gesellschafter erforderlich ist. So kann z. B. keine Korrespondenz ohne die Zustimmung aller Gesellschafter geführt werden. Wenn also, wie es häufig der Fall ist, Arbeitsteilung zwischen den Gesellschaftern vereinbart wird, erweist sich das Erfordernis der Zustimmung aller Gesellschafter als unpraktisch. Sie sollten daher stets überlegen, ob nicht einem der Gesellschafter per Gesellschaftsvertrag die alleinige Geschäftsführung übertragen werden soll oder ob sogar jedem Gesellschafter Geschäftsführungsbefugnis in der Form erteilt werden soll, dass jeder berechtigt ist, alleine zu handeln.
In unserem Beispiel ist dies nicht geschehen. Es gilt daher die gesetzliche Regelung. Nach dieser steht die Führung der Geschäfte den Gesellschaftern gemeinschaftlich zu. Des Weiteren ist für jedes Geschäft die Zustimmung aller Gesellschafter erforderlich. Richard liegt daher mit seiner Einschätzung falsch. Die drei Herren können die Geschäftsführung nur gemeinschaftlich ausüben.

Notgeschäftsführung eines Gesellschafters

Praxis-Beispiel

Das kaputte Schaufenster

Richard, Peter und Roland haben sich für ihren Fahrradverleih ein kleines Ladenlokal neben dem Hauptbahnhof angemietet. Peter, der regelmäßig abends noch auf ein Bierchen in das Bahnhofslokal geht, sieht auf dem Nachhauseweg, dass das Schaufenster ihres Ladenlokals offensichtlich durch einen Steinwurf völlig zertrümmert wurde. Er ruft die Polizei. Diese rät ihm aber schon am Telefon, so schnell, wie möglich eine Notverglasung zu veranlassen, um möglichen Diebstählen aus dem Ladenlokal vorzubeugen. Peter kann Richard und Roland nicht erreichen, um die Sache zu besprechen. Er beschließt, auch ohne Rücksprache einen Notdienst mit der Durchführung einer Notverglasung zu beauftragen und tut dies auch umgehend. ◂

Voraussetzung: akute Gefahr

War Peter berechtigt, diese Entscheidung alleine zu fällen, obwohl eigentlich die Zustimmung von Richard und Roland erforderlich gewesen wäre? Ja, er war dazu berechtigt, da es sich um einen Fall der so genannten Notgeschäftsführung handelte. Ein Gesellschafter hat im Falle akuter Gefahr für die Gesellschaft oder für Gesellschaftsgegenstände ein Notgeschäftsführungsrecht, aufgrund dessen er ausnahmsweise alleine Geschäftsführungshandlungen vornehmen kann, um drohenden Schaden abzuwenden. Dies war im Beispiel der Fall.

Vertragliche Abweichungen von der gesetzlichen Regelung

Die gesetzliche Regelung der gemeinschaftlichen Geschäftsführung macht die Gesellschaft langsam und schwerfällig. Es ist auf Dauer kaum praktikabel für jede Geschäftsführungshandlung die Zustimmung aller Gesellschafter einholen zu müssen. In der Praxis wird daher oftmals durch vertragliche Regelungen vom gesetzlich vorgesehenen Prinzip abgewichen.

Einzelgeschäftsführung

Durch den Gesellschaftsvertrag können Sie die Befugnis zur Geschäftsführung auf einzelne Gesellschafter übertragen. Dabei kommen zwei Möglichkeiten in Betracht. Sie können zum einen einem Gesellschafter die Einzelgeschäftsführungsbefugnis in der Weise übertragen, dass er alleine zur Geschäftsführung ermächtigt ist. Dies bedeutet aber nicht, dass er dann die Geschäfte nach seinem individuellen Interesse oder zu seinem eigenen Nutzen führen darf. Die Geschäftsführungsbefugnis umfasst nämlich im Rahmen der GbR nur Handlungen, die dem Interesse der ganzen Gesellschaft dienen. Zum anderen können Sie mehreren Gesellschaftern die Einzelgeschäftsführungsbefugnis übertragen. Dann ist jeder dieser Gesellschafter berechtigt, alleine zu handeln.

Widerspruchsrecht im Fall der Einzelgeschäftsführung

Kein Edel-Taxi für Dirk

Dirk, Stefan und Philipp betreiben ein kleines Taxiunternehmen in Form einer GbR. Dabei ist jeder Gesellschafter nach dem Gesellschaftsvertrag einzeln zur Geschäftsführung berechtigt. Sie haben in ihrem Fuhrpark drei Taxen der automobilen Mittelklasse, die voll einsatzfähig sind. In einem Fachmagazin liest Dirk, dass nun auch ein Taxi in der Oberklasse angeboten wird, welches jedoch wesentlich teurer in der Anschaffung und im Unterhalt ist. Er beschließt dennoch, ein solches zu bestellen. Als Stefan und Philipp davon erfahren, widersprechen Sie der geplanten Bestellung. Dirk meint, dass dies nicht möglich sei, da er ja alleine handlungsberechtigt sei. ◀

Dispositives Recht

Sofern mehrere Gesellschafter berechtigt sind, jeweils die Geschäfte der Gesellschaft alleine zu führen, kann es vorkommen, dass die einzelnen Geschäftsführer widersprüchliche Entscheidungen treffen oder einfach mit den Entscheidungen der anderen Gesellschafter nicht einverstanden sind. Das Gesetz sieht für diesen Fall ein Widerspruchsrecht vor, § 711 BGB. Wenn ein Gesellschafter demgemäß Widerspruch einlegt, muss das Geschäft unterbleiben. Der im Beispiel durch Stefan und Philipp eingelegte Widerspruch ist somit wirksam; Dirk kann das Edel-Taxi nicht bestellen. Sind jedoch den einzelnen Geschäftsführern im Gesellschaftsvertrag bestimmte

Aufgaben- und Tätigkeitsbereiche als Kompetenzbereich zugewiesen, wird dies in der Regel als Ausschluss des Widerspruchsrechts der anderen Gesellschafter für diesen Bereich gewertet. Da § 711 BGB dispositives Recht darstellt, ist eine vom Gesetz abweichende Regelung im Gesellschaftsvertrag zulässig.

Gesamtgeschäftsführungsbefugnis mehrerer bestimmter Gesellschafter

Sie können die Führung der Geschäfte auch mehreren Gesellschaftern in der Weise übertragen, dass diese zur gemeinschaftlichen Geschäftsführung berechtigt sind. Dies entspricht im Prinzip der gesetzlichen Regelung, nach der alle Gesellschafter gemeinsam die Geschäfte führen, jedoch mit dem Unterschied, dass nicht alle, sondern nur einige Gesellschafter gemeinschaftlich die Geschäfte führen, also beispielsweise zwei von fünf Gesellschaftern.

Übersicht: Geschäftsführungsbefugnis

Entweder **Gesamtgeschäftsführung**:	Oder **Einzelgeschäftsführung**:
Gemeinsame Geschäftsführung aller oder mehrerer Gesellschafter	Einer, mehrere oder alle Gesellschafter sind zur alleinigen Geschäftsführung berechtigt.
=	=
Die betreffenden Gesellschafter können die Geschäfte nur gemeinsam führen. Alle Gesellschafter müssen Geschäftsführungsmaßnahmen zustimmen.	Jeder Geschäftsführer kann alleine über Maßnahmen der Geschäftsführung entscheiden und solche ausführen.

Rechte und Pflichten der geschäftsführenden Gesellschafter

Nach der gesetzlichen Regelung in § 713 BGB bestimmen sich die Rechte und Pflichten der geschäftsführenden Gesellschafter nach den Vorschriften über den Auftrag (§§ 664 bis 670 BGB), soweit sich nicht aus dem Gesellschaftsverhältnis etwas anderes ergibt.

Informationspflicht

Stand der Geschäfte

Der Geschäftsführer ist verpflichtet, der Gesellschaft ggf. erforderliche Nachricht zu geben und auf Verlangen Auskunft über den Stand der Geschäfte zu erteilen, §§ 713, 666 BGB. Des Weiteren ist er verpflicht, den anderen Gesellschaftern nach Ende seiner Geschäftsführung oder beim Ende der Gesellschaft Rechenschaft abzulegen.

Herausgabepflicht

Der geschäftsführende Gesellschafter ist verpflichtet, alle Sachen, die er aus der Geschäftsführung erlangt, an die Gesellschaft herauszugeben, §§ 713, 667 BGB.

Aufwendungsersatzanspruch

Für Aufwendungen, die der geschäftsführende Gesellschafter für die Gesellschaft getätigt hat und die er für erforderlich halten durfte, kann er Ersatz verlangen, §§ 713, 670 BGB.

Vergütungsanspruch

Vergütung als vorzeitige Gewinnausschüttung

Nach der Konzeption des Gesetzes sind die Gesellschafter zur Geschäftsführung verpflichtet. Eine besondere Vergütung ist dafür nicht vorgesehen. Eigentlich ist eine solche für sich genommen auch gar nicht möglich. Der geschäftsführende Gesellschafter ist nämlich ebenso Gesellschafter wie seine Mitgesellschafter. Im Gegensatz zu einem organschaftlichen Geschäftsführer, wie etwa bei einer GmbH, ist der geschäftsführende Gesellschafter der GbR mit dieser nicht zusätzlich durch einen Dienstvertrag verbunden. Im Gesellschaftsvertrag können Sie natürlich dennoch eine Vergütung für die Tätigkeit des geschäftsführenden Gesellschafters festschreiben. Sofern dem geschäftsführenden Gesellschafter im Gesellschaftsvertrag eine monatliche Vergütung zuerkannt wird, handelt es sich dabei allerdings in der Regel um eine vorzeitige Gewinnausschüttung, um die sich dann im Innenverhältnis der Gewinnverteilungsanspruch der Mitgesellschafter verringert.

Entziehung der Geschäftsführung

Haben Sie einem Gesellschafter vertraglich die Geschäftsführung übertragen, können Sie ihm diese bei Vorliegen eines wichtigen Grundes wieder entziehen. Ein solcher Grund liegt nach § 712 BGB insbesondere dann vor,

- wenn der geschäftsführende Gesellschafter seine Pflichten grob verletzt,
- wenn sich herausstellt, dass der geschäftsführende Gesellschafter zur ordnungsgemäßen Geschäftsführung nicht fähig ist.

Die Entziehung erfolgt durch Beschluss der übrigen Gesellschafter. Der Beschluss muss einstimmig gefasst werden. Sofern Ihr Gesellschaftsvertrag für Gesellschafterbeschlüsse das Mehrheitsprinzip vorsieht, genügt ein Mehrheitsbeschluss.

Vertretung

Verhältnis der Gesellschaft gegenüber Dritten

Von der Geschäftsführung der Gesellschaft ist die Vertretung der Gesellschaft zu trennen. Die Geschäftsführung betrifft das so genannte Innenverhältnis, also das Verhältnis der Gesellschafter zueinander. Die Vertretung hingegen bezieht sich auf das so genannte Außenverhältnis und somit auf das Verhältnis der Gesellschaft gegenüber Dritten. Die in § 714 BGB getroffene gesetzliche Regelung sieht vor, dass derjenige, der zur Geschäftsführung berechtigt ist, auch ermächtigt ist, die Gesellschaft zu vertreten. Insofern hat eine Entscheidung bezüglich der Regelung der Geschäftsführung auch Auswirkungen auf die Vertretung der Gesellschaft. Haben Sie im Gesellschaftsvertrag beispielsweise einen bestimmten Gesellschafter zur Führung der Geschäfte ermächtigt, so hat er auch die Befugnis, die Gesellschaft zu vertreten. Ist jedoch die Geschäftsführung nicht ausdrücklich im Gesellschaftsvertrag auf einen oder mehrere bestimmte Gesellschafter übertragen, so steht nicht nur allen Gesellschaftern gemeinschaftlich die Führung der Geschäfte, sondern auch die Vertretung der Gesellschaft zu.

Abweichende Regelung möglich

Sie haben jedoch auch die Möglichkeit, per Gesellschaftsvertrag die Vertretungsbefugnis abweichend von der Geschäftsführung zu regeln oder diese auf einzelne Geschäfte zu beschränken. Treffen Sie keine ausdrückliche Regelung zum Umfang der Vertretungsmacht, so richtet sich diese nach dem Umfang der Geschäftsführungsbefugnis.

In diesem Zusammenhang ist es wichtig zu wissen, dass die Vertretungsmacht nach neuerer Rechtsprechung im Innenverhältnis der Gesellschafter nicht auf die Haftung mit dem Gesellschaftsvermögen beschränkt werden kann. Allenfalls kann im Außenverhältnis die Haftung durch konkrete Vereinbarung mit dem Vertragspartner auf das Gesellschaftsvermögen beschränkt werden. Der manchmal zu lesende Zusatz im Briefbogen „GbR - mit beschränkter Haftung“ wird insofern von der Rechtsprechung jedoch als nicht ausreichend angesehen und ist daher wirkungslos. Vielmehr wird eine ausdrückliche Vereinbarung gefordert.

Nochmal: Die Geschäftsführung umfasst entgegen dem umgangssprachlichen Verständnis des Begriffes nur die Führung der Geschäfte, nicht jedoch die Möglichkeit, die Gesellschaft rechtswirksam zu verpflichten, also beispielsweise Verträge mit Rechtsbindungswirkung für die Gesellschaft zu schließen. Letztere betrifft den Bereich der Vertretung der Gesellschaft nach außen und gehört daher zum Bereich der Vertretungsmacht.

Entziehung der Vertretungsmacht

Voraussetzungen

Haben Sie im Gesellschaftsvertrag einen Gesellschafter ermächtigt, die anderen Gesellschafter gegenüber Dritten zu vertreten, so können Sie ihm diese unter den gleichen Voraussetzungen entziehen, die für die Entziehung der Geschäftsführung gegeben sein müssen, § 715 BGB. Die Entziehung erfordert also

- das Vorliegen eines wichtigen Grundes
- sowie einen entsprechenden Beschluss der übrigen Gesellschafter.

Sofern Sie die Vertretungsmacht in Verbindung mit der Geschäftsführungsbefugnis erteilt haben, können Sie diese nach dem Gesetz nur zusammen mit dieser entziehen.

Beirat

Praxis-Beispiel

Manfred mischt sich ein

Hans und Peter gründen einen Chauffeurservice in Form einer GbR. Das Konzept sieht vor, dass jedermann anrufen und eine Fahrt mit einer Limousine bestellen kann. Abgerechnet wird wie im Taxigewerbe nach Kilometern. Sie sind sich nicht sicher, ob sie dafür eine Taxikonzession benötigen. Um insofern Schwierigkeiten mit den Behörden von vornherein auszuschließen, planen sie, ihren Freund Manfred, der bei der Verkehrsbehörde arbeitet, als Beirat für die GbR zu bestellen. Sie gehen davon aus, dass dieser seinen Einfluss für die GbR in die Waagschale werfen würde, falls es tatsächlich Schwierigkeiten wegen der fehlenden Konzession geben sollte. Manfred besteht jedoch darauf, dass dem Beirat durch den Gesellschaftsvertrag weit reichende Befugnisse eingeräumt werden. Mit der Zeit mischt sich Manfred unter Berufung auf seine Befugnisse immer mehr in die Geschäfte ein und blockiert damit den gesamten Betrieb. Hans und Peter sind darüber gar nicht glücklich und fragen sich, wie sie Manfred wieder loswerden können. Ihr Gesellschaftsvertrag enthält eine Klausel, wonach der Beirat jederzeit durch die Gesellschafterversammlung abberufen werden kann. ◂

Kein Kontrollorgan vorgesehen

Für Personengesellschaften und damit auch für die GbR ist im Gesetz kein Kontrollorgan vorgesehen. Ein solches stellt beispielsweise der Aufsichtsrat bei der Aktiengesellschaft dar. Dennoch können Sie im Gesellschaftsvertrag festschreiben, dass die Gesellschaft ein Kontrollorgan haben soll. Im Falle einer GbR wird dieses Organ üblicherweise Beirat genannt.

Funktion und Aufgaben des Beirats

Sowohl Funktion als auch Aufgaben des Beirats können von den Gesellschaftern im Gesellschaftsvertrag geregelt werden.

Beratungsfunktion

Oftmals hat der Beirat hauptsächlich Beratungsfunktion. Es wird daher in solchen Fällen versucht, möglichst erfahrene Geschäftsleute als Beiratsmitglieder zu gewinnen.

Erfahrene Berater

Überwachungsfunktion

Es kann dem Beirat jedoch auch eine Überwachungsfunktion übertragen werden. Diese kann unterschiedlich stark ausgestaltet sein. Sie kann von einer bloßen Berichtspflicht der geschäftsführenden Gesellschafter bis zum Erfordernis der Zustimmung des Beirats zu bestimmten Geschäften reichen.

Ausgleichs- und Vermittlungsfunktion

Der Beirat kann auch eine Ausgleichs- und Vermittlungsfunktion haben. So kann er beispielsweise zwischen mehreren geschäftsführenden Gesellschaftern ausgleichen oder vermitteln, wenn diese sich in einer Frage nicht einigen können. Sofern die Gesellschafter zwar einen gemeinsamen Zweck, aber gegenläufige Interessen verfolgen, kann dem Beirat zur Vermeidung von Streitigkeiten beispielsweise die Festsetzung der Vergütung der geschäftsführenden Gesellschafter übertragen werden.

Image und Einfluss

Nicht zuletzt können Gründe der Imagepflege oder der Einflussnahme ein Motiv für die Bestellung eines Beirats sein. In diesen Fällen wird versucht, möglichst renommierte oder einflussreiche Mitglieder für den Beirat zu gewinnen.

Beiratsmitglieder

Anzahl frei festlegbar

Die Anzahl der Beiratsmitglieder können Sie im Gesellschaftsvertrag frei festlegen. Es ist dabei sogar möglich, dass der Beirat nur mit einer Person besetzt wird. Als Mitglieder des Beirats werden meist Außenstehende herangezogen. Dies ist mit den Funktionen des Beirats in der Regel auch am sinnvollsten zu vereinbaren. Sofern der Gesellschaftsvertrag entsprechende Regelungen enthält, spricht jedoch auch nichts dagegen, dass Gesellschafter Beiratsmitglieder sind. Die Mitglieder des Beirats erhalten in der Regel eine Vergütung für Ihre Tätigkeit im Beirat. Wie diese beschaffen ist, muss im Gesellschaftsvertrag geregelt werden. Ebenso müssen Sie im Gesellschaftsvertrag die Modalitäten der Bestellung und Abberufung sowie die Dauer der Beiratsmitgliedschaft, auch Amtszeit genannt, regeln. Ob und wie Hans und Peter im Beispielfall Manfred als Beirat abberufen können, bestimmt sich folglich nach den in ihrem Gesellschaftsvertrag getroffenen Regelungen. Da dort die Möglichkeit der Abberufung durch die Gesellschafterversammlung ausdrücklich bestimmt ist, können sie Manfred auf diesem Wege wie gewünscht „loswerden".

Braucht Ihre GbR einen Beirat?

Zusätzliche Entscheidungsebene

Nein, ein Beirat ist für die GbR vom Gesetz nicht vorgesehen. Die Gesellschafter können aber im Gesellschaftsvertrag die Einrichtung eines solchen für die GbR beschließen. Da die Einrichtung eines Beirats allerdings eine zusätzliche Entscheidungsebene schafft, sollten Sie sich diesen Schritt gut überlegen. In gewisser Weise wird dadurch nämlich ein wichtiger Vorteil der GbR, die einfache Handhabung, relativiert. Die Einrichtung eines Beirats ist daher eigentlich nur sinnvoll, wenn die Interessen der Gesellschafter anders nicht „unter einen Hut" gebracht werden können oder es den Gesellschaftern an fachlichen Kenntnissen mangelt. Ersteres kann beispielsweise bei Gesellschaften zwischen Familienmitgliedern oder bei einer Gesellschaft mit sehr vielen Gesellschaftern der Fall sein, Letzteres ist natürlich immer denkbar. Ob die Erwartung positiver Auswirkungen des Renommees oder des Einflusses von Beiratsmitgliedern die Errichtung eines Beirats sinnvoll macht, müssen Sie im Einzelfall entscheiden.

Das Vermögen der Gesellschaft

Einlagen der Gesellschafter

Das Vermögen der Gesellschaft setzt sich zunächst aus den Einlagen der Gesellschafter zusammen, wobei man unter Einlagen die geleisteten Beiträge der Gesellschafter versteht. Hinzu kommen dann noch die im Rahmen des Geschäftsbetriebs erworbenen Vermögenswerte, § 718 I BGB.

Beiträge der Gesellschafter

Wir erinnern uns: Die Gesellschafter einer GbR verpflichten sich vertraglich, den vereinbarten Gesellschaftszweck zu fördern. Aber nicht nur das. Nach der Vorstellung des Gesetzgebers haben die Gesellschafter insbesondere auch die vereinbarten Beiträge zu leisten, siehe § 705 BGB. Art und Umfang dieser Beitragspflicht müssen Sie mangels ausdrücklicher gesetzlicher Regelung in Ihrem Gesellschaftsvertrag regeln. Das Gesetz sieht lediglich vor, dass die Gesellschafter gleiche Beiträge zu leisten haben, sofern nichts anderes vereinbart ist. Die Zurückhaltung des Gesetzgebers bei der Ausgestaltung der Beitragspflicht ist sinnvoll, da eine gesetzliche Regelung kaum alle denkbaren Konstellationen abdecken könnte, die in der Praxis anzutreffen sind.

Freie Vereinbarung über Beiträge

Wie die Beiträge konkret aussehen sollen und wie die Beitragspflicht ausgestaltet werden soll, also hauptsächlich die Frage, wann und ggf. in welcher Höhe die Einlagen zu leisten sind, kann von den Gesellschaftern im Vertrag im Rahmen gesetzlich zulässiger Grenzen frei vereinbart werden. So können Sie beispielsweise die Einbringung von Geld und anderen Sachwerten wie Grundstücken, Fahrzeugen oder Maschinen ebenso vereinbaren, wie die Einbringung von Rechten, wie etwa Urheberrechte oder auch Forderungen. Darüber hinaus können die Gesellschafter auch vereinbaren, dass der Beitrag in Form von Dienstleistungen zu erbringen ist. Letzteres ist insbesondere in den Fällen von praktischer Bedeutung, in denen ein Teil das Kapital zuschießt, ein anderer Teil aber außer seiner Zeit und Arbeitskraft keine materiellen Werte in die Gesellschaft einbringen kann.

Experten-Tipp

Beiträge bewerten

Insbesondere wenn die vereinbarten Beiträge der Gesellschafter unterschiedlich beschaffen sind, empfiehlt sich in der Praxis eine ausdrückliche Regelung im Gesellschaftsvertrag, wie die einzelnen Beiträge zu werten sind. Dies dient jedenfalls dann zur Vermeidung von Streitigkeiten, wenn sich die Gewinn- und Verlustverteilung nach Art und Höhe der Beiträge bemessen soll. ◂

Es kommt jedoch nicht selten vor, dass keiner der Gesellschafter Kapital zur Verfügung hat und daher alle Gesellschafter als Beitrag nur die Leistung von Diensten in Form ihrer Arbeitskraft einbringen können. Dies ist durchaus zulässig. Beispielhaft könnte man hier etwa an Gesellschafter denken, die sich zusammentun, um auf gemeinsame Kasse Zeitungen auszutragen und sich dabei gegenseitig zu unterstützen und zu vertreten.

Erwirtschaftete Vermögenswerte

Sachen, Rechte, Forderungen

Neben den Beiträgen der Gesellschafter tragen auch noch die für die Gesellschaft erworbenen Gegenstände zur Bildung des Gesellschaftsvermögens bei, § 718 I BGB. Bei diesen kann es sich sowohl um Sachen als auch um Rechte, insbesondere Forderungen, handeln.

Gesellschaftsvermögen ist Gesamthandsvermögen

Keine Teilung des Vermögens möglich

Beim Vermögen der Gesellschaft handelt es sich um so genanntes „Gesamthandsvermögen“. Was dies bedeutet, erklärt das Gesetz in § 719 I BGB folgendermaßen: „Ein Gesellschafter kann nicht über seinen Anteil an dem Gesellschaftsvermögen und an den einzelnen dazu gehörenden Gegenständen verfügen, er ist nicht berechtigt, Teilung zu verlangen.“ Dies ist eine der wenigen nicht dispositiven Vorschriften zur Gesellschaft bürgerlichen Rechts. Sie können diese Vorschrift daher nicht im Gesellschaftsvertrag ändern. Zweck dieser Regelung ist vor allem, dass das Vermögen der Gesellschaft zusammengehalten wird. Allerdings wird die gesetzliche Regelung von der Rechtsprechung einschränkend dahingehend ausgelegt, dass ein Gesellschafter mit Zustimmung der anderen Gesellschafter über seinen Anteil am Gesellschaftsvermögen verfügen kann.

Abgrenzung zur Bruchteilsgemeinschaft

Was man sich unter dem Begriff des Gesamthandsvermögens vorzustellen hat, wird insbesondere deutlich im Vergleich mit der so genannten Bruchteilseigentumsgemeinschaft, also beispielsweise dem bloßen Miteigentum. Während bei einer GbR die Beiträge der Gesellschafter sowie die während des Geschäftsbetriebs erworbenen Sach- und Vermögenswerte gemeinschaftliches Vermögen der Gesellschafter werden, über das sie nicht, oder zumindest nicht ohne die Zustimmung der Mitgesellschafter, verfügen können, sind die Miteigentümer einer Bruchteilsgemeinschaft durchaus berechtigt, alleine über Ihren Anteil an einer Sache zu verfügen.

Beispiel

Ein Beispiel soll dies verdeutlichen: Die Nachbarn A und B haben ohne weitere Absprache zusammen eine Heckenschere gekauft, um jeweils auf ihrem eigenen Grundstück damit ihre Hecken zuschneiden zu können. Grund für diesen gemeinsamen Kauf war also nicht, die Förderung eines gemeinsamen Zwecks, sondern die Verfolgung eines jeweils eigenen Zwecks von A und B. Die beiden haben die Schere nur deshalb zusammen gekauft, da sie sich diese alleine jeweils nicht leisten wollten. A und B sind daher lediglich Miteigentümer der Schere. Die Schere wurde nicht im Rahmen einer GbR oder für eine GbR angeschafft. Vorausgesetzt, dass beide die Schere jeweils zur Hälfte bezahlt haben, haben beide jeweils einen Anteil von 50 Prozent an der Schere. Jedem gehört die Schere daher zu einem Bruchteil, nämlich zur Hälfte. Sowohl A als auch B können, sofern sie nichts anderes vereinbart haben, über ihren Anteil an der Schere ohne Zustimmung des anderen verfügen, diesen also beispielsweise an den Nachbarn C verkaufen. Anders sähe es aus, wenn A und B die Schere im Rahmen einer GbR mit der Zielsetzung der gemeinsamen Gartenpflege gekauft hätten. Dann würde die Schere im Rahmen der GbR sowohl A als auch B jeweils zu 100 Prozent als Vermögen zur gesamten Hand gehören und es wäre nicht möglich, den in diesem Falle rein rechnerischen Anteil ohne Zustimmung des anderen zu veräußern.

Übersicht: Gesamthandsvermögen und Bruchteilsgemeinschaft

Gesamthandsvermögen:
„Allen gehört alles"

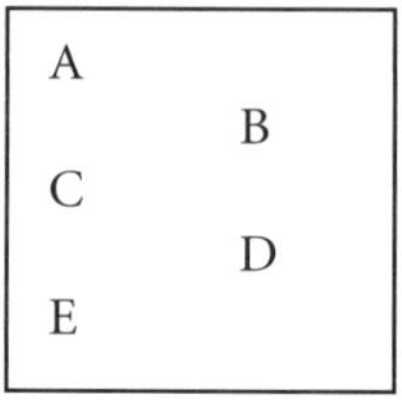

Bruchteilsgemeinschaft:
„Jedem gehört ein Teil"

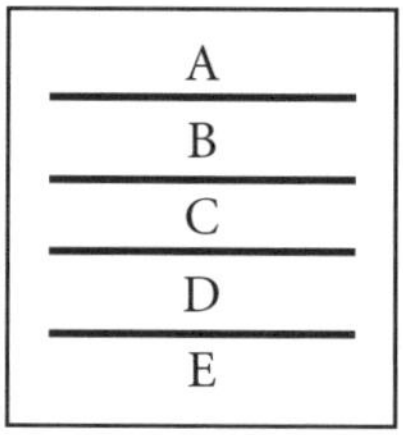

Rechts- und Parteifähigkeit der GbR

Praxis-Beispiel

Ultrasound zahlt nicht

Harald und Martin betreiben zusammen ein Tonstudio in der Form einer GbR. Die Gesellschaft trägt den Namen „Ultrasound Maier und Schrader GbR", welcher auch auf dem Briefkopf der Gesellschaft aufgedruckt ist. Unter diesem Namen bestellen sie beim Musikgroßhändler Stefan Hilbert eine Endstufe „Wonderblast" zum Preis von 7.500 Euro. Als ihnen die Endstufe geliefert wird, „vergessen" sie jedoch, die Rechnung zu bezahlen. Als auch zwei weitere Mahnungen erfolglos bleiben, beschließt Hilbert seinen Zahlungsanspruch gerichtlich geltend zu machen. Er möchte den Anspruch direkt gegen die Gesellschaft geltend machen, da ihm bekannt ist, dass diese über beträchtliches Vermögen verfügt und er deshalb davon ausgeht, dass der Rechnungsbetrag dort mit Sicherheit liquidiert werden kann. Sein Freund Reinhard meint jedoch, dass er die Gesellschaft nicht verklagen könne, sondern sich an die Gesellschafter halten müsse. Hilbert wendet sich deshalb an Rechtsanwalt Redlich und möchte von diesem wissen, ob er die Gesellschaft direkt verklagen kann. ◂

Der Bundesgerichtshof hat der GbR in einer Grundsatzentscheidung aus dem Jahre 2001 die Rechts- und Parteifähigkeit zugebilligt (BGHZ 146, 341). Das heißt vor allem, dass die GbR, sofern Sie Außengesellschaft ist, Trägerin von Rechten und Pflichten sein kann und, dass sie im Zivilprozess klagen und verklagt werden kann. Dies mag sich selbstverständlich anhören, ist jedoch in den gesetzlichen Vorschriften nicht vorgesehen. Der Bundesgerichtshof hat damit eine seit vielen Jahren andauernde Diskussion um die Rechtsfähigkeit der GbR beendet.

Rechtsfähigkeit

Ausnahme Grundbuch

Nun ist also geklärt, dass auch die GbR selbst Trägerin von Rechten und Pflichten sein kann, soweit sie als Außengesellschaft am Rechtsverkehr teilnimmt, also die Gesellschafter im Geschäftsverkehr gemeinsam nach „außen“ in Erscheinung treten. Im Normalfall handelt es sich bei einer GbR um eine solche Außengesellschaft. Die GbR ist damit nicht nur scheck- und wechselfähig und in der Lage, Gesellschafterin anderer Gesellschaften zu sein. Vielmehr kann sie generell Inhaberin von zivilrechtlichen Ansprüchen sein und Rechtspositionen einnehmen. Sie kann deshalb beispielsweise auch Vermieterin oder Bürge sein. Eine wichtige Ausnahme gilt jedoch für das Grundbuch. Entsprechend der Grundbuchordnung wird dort nicht die Gesellschaft als solche, sondern werden die einzelnen Gesellschafter mit dem Zusatz „als Gesellschaft bürgerlichen Rechts“ eingetragen.

Parteifähigkeit

Partei im Zivilprozess

Zusätzlich zur Rechtsfähigkeit hat der Bundesgerichtshof der GbR die Parteifähigkeit im Zivilprozess und damit die Möglichkeit, aktiv und passiv Partei eines Zivilprozesses zu sein, zuerkannt. Die GbR kann demnach sowohl selbst klagen als auch verklagt werden, sofern es sich bei ihr um eine

Außengesellschaft handelt, also um eine Gesellschaft, bei der die Gesellschafter im Geschäftsverkehr und somit nach „außen“ gemeinschaftlich auftreten. Im Normalfall handelt es sich, wie bereits erwähnt, bei einer GbR um eine solche Außengesellschaft. Als Begründung dafür führt der Bundesgerichtshof in seiner bereits erwähnten Grundsatzentscheidung aus: „Erkennt man die Fähigkeit der GbR an, Träger von Rechten und Pflichten zu sein, kann ihr die Parteifähigkeit im Zivilprozess, die gemäß § 50 ZPO mit der Rechtsfähigkeit korrespondiert, nicht abgesprochen werden. Die Parteifähigkeit der GbR ist die notwendige prozessrechtliche Konsequenz der Anerkennung der Rechtssubjektivität der Gesellschaft im Verhältnis zu Dritten“ (BGHZ 146, 348).

Da auch die beiden Schuldner aus unserem Beispiel gemeinsam nach außen auftreten und damit eine Außengesellschaft bilden, kann Hilbert die GbR direkt verklagen.

Haftung

Praxis-Beispiel

Schadensersatz gegenüber Rechtsanwalt

Walter Reich hat eine offene Forderung über 25.000 Euro gegen Hans Säumig. Kurz vor Eintritt der Verjährung beauftragt Reich die Anwaltssozietät Hans Langer und Peter Bergmann, die Forderung gerichtlich geltend zu machen. Der bearbeitende Rechtsanwalt ist Hans Langer. Da Reich die drohende Verjährung bekannt ist, weist er Langer noch ausdrücklich darauf hin. Dennoch versäumt es Langer die Forderung rechtzeitig geltend zu machen, da ihn seine Freundin Susi zu einem Spontanurlaub auf Mallorca überredet. Im gerichtlichen Verfahren erhebt Säumig dann die Einrede der Verjährung. Der Anspruch ist nicht mehr durchsetzbar. Reich möchte nun seinen Schaden ersetzt bekommen.

Haftung mit Vermögen

Den Begriff „Haftung“ hat wahrscheinlich jeder schon einmal gehört. Auch in diesem Buch haben wir schon über die Haftung in Bezug auf eine GbR gesprochen. Aber was ist unter Haftung eigentlich zu verstehen? Im Grunde geht es um nichts anderes als um das Einstehenmüssen für eine aus einem

Schuldverhältnis herrührende Schuld. Der Schuldner haftet dafür seinem Gläubiger mit seinem Vermögen.

Haftung der Gesellschaft

Bei der Frage der Haftung für Gesellschaftsschulden ist aufgrund der nunmehr anerkannten Rechtsfähigkeit der GbR zwischen der Haftung der Gesellschafter und der Haftung der Gesellschaft zu unterscheiden. Da die Gesellschaft Trägerin von Rechten und Pflichten sein kann, hat sie folgerichtig auch für Gesellschaftsschulden zu haften. Dies erleichtert es den Gläubigern der GbR sehr, Forderungen gerichtlich durchzusetzen. Ein Gläubiger kann, auch wenn ihm nicht alle Gesellschafter namentlich bekannt sind, einen gerichtlichen Titel gegen die Gesellschaft erwirken und direkt in das Gesellschaftsvermögen vollstrecken. Er muss dafür nur die Gesellschaft und nicht, wie früher, die einzelnen Gesellschafter verklagen. Im Beispielsfall hat Reich nun die Möglichkeit, die Gesellschaft direkt auf Leistung von Schadenersatz in Anspruch zu nehmen. Die Gesellschaft hat insofern das Verschulden des Langer zu vertreten.

Haftung der Gesellschafter

Haftung mit Privatvermögen

Grundsätzlich haften auch die Gesellschafter für die Schulden der GbR und zwar uneingeschränkt mit ihrem Privatvermögen. Wie wir bereits gesehen haben, können Sie die Haftung auch nicht durch die Bezeichnung der Gesellschaft als „GbR mit beschränkter Haftung“ ausschließen oder beschränken. Eine wirksame Haftungsbeschränkung ist nur durch ausdrückliche individuelle Vereinbarung mit einem Vertragspartner möglich. Allerdings ist es nicht möglich, die Haftung für unerlaubte Handlungen auszuschließen. Vorsicht: Für die Schulden der Gesellschaft haften die Gesellschafter nicht etwa nur anteilig, sondern als Gesamtschuldner, das heißt, jeder Gesellschafter haftet für das Ganze. Ein Gläubiger kann sich also aussuchen, welchen Gesellschafter er in Haftung nimmt. Diesem bleibt dann lediglich die Möglichkeit, im Rahmen eines Gesamtschuldnerausgleichs Rückgriff bei seinen Mitgesellschaftern zu nehmen. Im Beispiel kann daher Reich seinen Anspruch auf Schadenersatz nicht nur gegen die Gesellschaft, sondern nach seiner Wahl auch gegen die Gesellschafter geltend machen. Er ist auch nicht gehindert, den Rechtsanwalt Bergmann alleine in Anspruch zu nehmen, obwohl er diesen vorher nie gesehen hat. Nach der neueren Rechtsprechung hat dieser ebenfalls für das Verschulden seines Mitgesellschafters Langer zu haften.

Experten-Tipp

Haftungsrisiko bedenken

Bei einer GbR haften die Gesellschafter unbeschränkt mit ihrem privaten Vermögen. Sie ist daher als Rechtsform nur für solche Unternehmungen zu empfehlen, bei denen das Fehlen einer Haftungsbeschränkung keine relevanten Auswirkungen haben kann. Für eine Unternehmung mit risikobehafteter und/oder wirtschaftlich bedeutsamer Tätigkeit eignet sich die GbR als Rechtsform nicht. ◂

Was aber ist, wenn ein Gesellschafter privat, also außerhalb der Gesellschaft, Schulden macht? Haften die anderen Gesellschafter dafür? Nein, für private Schulden haftet lediglich der jeweilige Gesellschafter. Da allerdings auch sein Anteil am Gesellschaftsvermögen zu seinem Privatvermögen gezählt werden muss, haftet er letztlich auch mit diesem Anteil. Eine direkte Vollstreckung in diesen ist jedoch aufgrund der Einordnung des Gesellschaftsvermögens als Gesamthandsvermögen nicht möglich. Eine Vollstreckung ist lediglich über einen mühsamen Umweg durchführbar: Zunächst muss der Gläubiger das Mitgliedsrecht seines Schuldners an der GbR pfänden lassen, dann kann er die Gesamthandsgemeinschaft durch Kündigung auflösen. Aus der Auflösung hat der Gläubiger nun einen Abfindungs- bzw. Aufteilungsanspruch bezüglich des vorhandenen Vermögens.

Experten-Tipp

Risiken für die GbR berücksichtigen

Nicht selten hört man die Meinung, dass Privatvermögen durch Einbringung in eine GbR vor dem Zugriff durch Gläubiger geschützt werden kann. Das ist nicht richtig. Ein Zugriff ist zwar mühsamer und langwieriger, jedoch nicht ausgeschlossen. Verlassen Sie sich nicht auf diese vermeintliche Sicherheit, sondern berücksichtigen sie die Möglichkeit des Zugriffs auf einen Gesellschaftsanteil bei ihrem geschäftlichen Handeln. ◂

Haftung

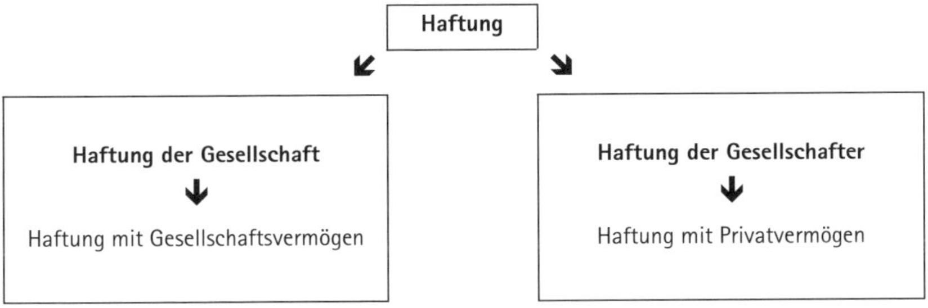

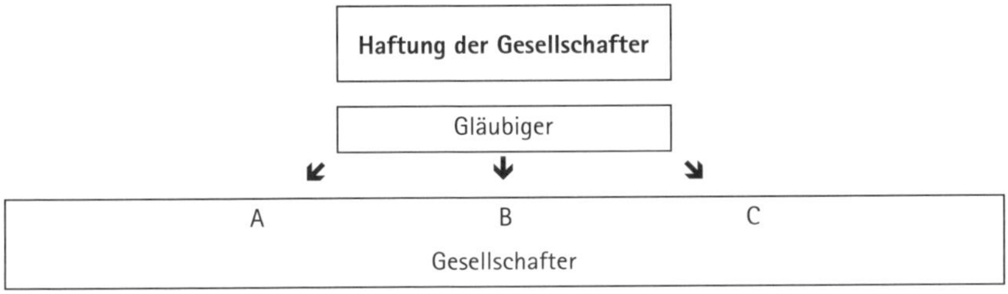

Abgrenzung zur oHG

OHG als Fortentwicklung der GbR

Für die Gesellschaft bürgerlichen Rechts ist insbesondere die Abgrenzung zur Rechtsform der offenen Handelsgesellschaft (oHG) von Bedeutung. Diese stellt eine im Handelsgesetzbuch geregelte „Fortentwicklung" der GbR dar. Die Abgrenzung und die Entscheidung der Frage, um was für eine Rechtsform es sich im Einzelfall handelt, ist nicht immer ganz einfach zu treffen. Die Abgrenzung betrifft jedoch nur den Fall einer gewerblich tätigen GbR. Eine GbR von Freiberuflern kann nicht zur oHG werden, da das Handelsgesetzbuch bestimmt, dass der Zweck einer oHG grundsätzlich auf den Betrieb eines Handelsgewerbes gerichtet sein muss (§ 105 HGB).

GbR oder oHG?

Ob bei einer gewerblich tätigen Gesellschaft eine GbR oder eine oHG vorliegt, entscheidet sich nicht primär nach dem Willen der Gesellschafter, sondern hauptsächlich danach, ob die Tätigkeit kleingewerblichen Umfang hat oder ein Ausmaß überschreitet, das einen kaufmännisch eingerichteten Gewerbebetrieb erfordert.

Kaufmännisch eingerichteter Gewerbebetrieb

Was ist unter der kaufmännischen Einrichtung eines Gewerbebetriebs zu verstehen? Nach dem HGB erfordert eine solche unter anderem:

Kennzeichen

- kaufmännische Buchführung,
- kaufmännische Bilanzierung,
- kaufmännische Bezeichnung (die sog. Firma),
- kaufmännische Vertretungsregelung (z. B. Prokura),

Diese Punkte sind teilweise mit einem hohen formellen Aufwand verbunden. Dies stellt auch den hauptsächlichen Unterschied zwischen der GbR und der oHG dar, zumal für die GbR keine Formvorschriften existieren. Die oHG war früher eine beliebte Rechtsform, da sie aufgrund der unbeschränkten persönlichen Haftung der Gesellschafter und der strengen Vorschriften als kreditwürdig und seriös angesehen wurde. Bereits seit Langem jedoch wurde die oHG in ihrer Bedeutung von der GmbH verdrängt, insbesondere deshalb, weil die GmbH den Vorteil einer Haftungsbeschränkung bietet.

Erfordern Art und Umfang der Tätigkeit einen kaufmännisch eingerichteten Gewerbebetrieb?

Es gibt keine eindeutigen Vorschriften, die besagen, wann dies der Fall ist. Ob dem so ist, kann daher immer nur im Einzelfall beurteilt werden. Als Anhaltspunkte und Kriterien sind dafür beispielsweise heranzuziehen:

Anhaltspunkte

- die Größe der Gesellschaft,
- die Geschäftstätigkeit der Gesellschaft,
- die Anzahl der Geschäftskontakte,
- Umsätze von über 350.000 Euro jährlich,
- Gewinne von über 30.000 Euro jährlich.

Im Zweifel: Rechtsanwalt oder Steuerberater fragen

Diese Aufzählung ist nicht abschließend. Es können im Einzelfall auch noch andere Kriterien eine Rolle spielen. Unter Berücksichtigung dieser Kriterien müssen Sie nun feststellen, ob ein kaufmännisch eingerichteter Gewerbebetrieb erforderlich ist oder nicht. Dabei ist eine Würdigung der Gesamtsituation Ihres Unternehmens erforderlich. So muss beispielsweise eine Überschreitung der oben genannten Umsatz- und Gewinnsummen nicht zwingend dazu führen, dass die Einrichtung eines kaufmännischen Gewerbebetriebes erforderlich ist, wenn Ihre Geschäftstätigkeit im Übrigen einfach strukturiert ist. Dies deshalb, weil eine Überschreitung dieser Grenzen lediglich die Pflicht zur Bilanzierung und Buchhaltung auslöst (§ 141 AO) und damit zunächst nur steuerrechtliche Folgen hat. Im Zweifelsfall sollten Sie deshalb ein Rechtsanwalt oder Steuerberater zurate ziehen. Je nach dem, ob die Einrichtung eines kaufmännischen Gewerbebetriebes erforderlich ist, oder nicht, ergibt sich dann, ob es sich um eine GbR oder um eine oHG handelt.

Abgrenzung GbR/oHG:

- Die GbR ist nicht gewerblich tätig: Es handelt sich unproblematisch um eine GbR.
- Die Gesellschaft ist in einem Umfang gewerblich tätig, der einen kaufmännisch eingerichteten Gewerbebetrieb nicht erfordert: Es handelt sich um eine GbR.
- Die GbR wird von den Gesellschaftern als solche gegründet, betreibt aber von Anfang an ein Handelsgewerbe in einem Ausmaß, welches einen kaufmännisch eingerichteten Gewerbebetrieb erfordert: Es handelt sich von Anfang an um eine oHG, § 105 I HGB. Wenn den Gesellschaftern das Vorliegen einer oHG nicht bewusst ist, werden sie die Gesellschaft auch kaum als oHG in das Handelsregister eintragen, wie dies nach dem Handelsgesetzbuch vorgeschrieben ist. Das ändert jedoch nichts daran, dass dennoch die Rechtsform der oHG vorliegt, weil die Eintragung

OHG trotz Eintragung als GbR

selbst keine Voraussetzung für das Entstehen einer oHG ist, sondern nur deklaratorischen Charakter hat.

GbR wird durch Gewerbe zu oHG

- Die GbR wird von den Gesellschaftern als solche gegründet. Ihre gewerbliche Tätigkeit nimmt im Laufe der Zeit ein Ausmaß an, der einen kaufmännisch eingerichteten Gewerbebetrieb erfordert: Die GbR wird automatisch zur oHG, auch wenn dies den Gesellschaftern nicht bewusst sein mag. Auch hier ist eine Handelsregistereintragung für die Änderung der Rechtsform nicht erforderlich.

OHG durch Eintrag

- Die GbR wird als solche gegründet und betreibt ein Kleingewerbe. Eine Handelsregistereintragung ist nicht erforderlich. Dennoch tragen die Gesellschafter die Gesellschaft in das Handelsregister ein: durch die Eintragung wird die GbR zur oHG.

OHG wird zu GbR

- Die GbR wird als solche gegründet und betreibt ein Gewerbe in einem Ausmaß, welches einen kaufmännisch eingerichteten Gewerbebetrieb erfordert. Mit der Zeit nimmt der Umfang der Tätigkeit soweit ab, dass die GbR nur noch kleingewerblich tätig ist: Tatsächlich lag hier zunächst eine oHG vor. Diese wird dann jedoch zur GbR.

Übersicht: Abgrenzung GbR/oHG

GbR	oHG
■ wenn keine gewerbliche Tätigkeit ■ wenn zwar gewerblich tätig, aber Tätigkeit erfordert keinen kaufmännische eingerichteten Gewerbebetrieb	■ wenn im Handelsregister eingetragen und/oder ■ wenn gewerbliche Tätigkeit nach Art und Umfang die Einrichtung eines kaufmännischen Gewerbebetriebes erfordert.

Übersicht: Die GbR auf einen Blick

Rechtsgrundlage:	§§ 705 ff. BGB
Ziel:	Verfolgung eines gemeinsamen Zwecks durch mehrere Gesellschafter
Rechtsfähigkeit:	Bei Außengesellschaft: ja
Partei- und Prozessfähigkeit:	Bei Außengesellschaft: ja
Formvorschriften für Gründung	Keine
Mindestanzahl Gründer/Gesellschafter	Zwei
Mindestkapital:	Keine Vorschriften
Gesellschaftsvermögen:	Gesellschaftsvermögen ist Gesamthandsvermögen. Es setzt sich zusammen aus den Einlagen der Gesellschafter und den durch die Geschäftsführung für die Gesellschaft erworbenen Gegenstände
Art der Einlagen:	Durch Gesellschafter bestimmbar
Geschäftsführung:	Durch alle Gesellschafter gemeinschaftlich, außer abweichende Regelung im Gesellschaftsvertrag
Vertretung:	Wie Geschäftsführung, sofern vertraglich nichts anderes bestimmt.
Haftung der Gesellschaft:	Bei Außengesellschaft: ja, da rechtsfähig
Haftung der Gesellschafter:	■ gesamtschuldnerisch ■ persönlich ■ unbeschränkt
Gewinnbeteiligung:	Gleiche Anteile aller Gesellschafter, sofern vertraglich nichts anderes bestimmt
Verlustbeteiligung:	Gleiche Anteile aller Gesellschafter, sofern vertraglich nichts anderes bestimmt
Gewinnausschüttung:	Am Ende der Gesellschaft oder am Schluss des Geschäftsjahres. Vorwegentnahmen während des Geschäftsjahres möglich, sofern vertraglich vereinbart

Auflösungsgründe:	■ Auflösungsbeschluss der Gesellschafter ■ Kündigung durch Gesellschafter oder Gläubiger eines Gesellschafters (Pfändungspfandgläubiger) bei Gesellschaft mit lediglich zwei Gesellschaftern ■ Erreichen des vereinbarten Zwecks ■ Unmöglichwerden des vereinbarten Zwecks ■ Tod eines Gesellschafters ■ Insolvenz der Gesellschaft ■ Insolvenz eines Gesellschafters Aber: Vereinbarung einer Fortsetzungsklausel im Gesellschaftsvertrag grundsätzlich möglich

Wie gründen Sie eine GbR?

Was haben Sie bezüglich des Gesellschaftsvertrags zu beachten?

Eine GbR wird dadurch gegründet, dass die Gesellschafter einen Gesellschaftsvertrag schließen. Obwohl das Gesetz keine Schriftform vorschreibt, ist es unbedingt empfehlenswert, einen schriftlichen Gesellschaftsvertrag aufzusetzen. Dies ist bereits deshalb sinnvoll, um späteren Meinungsverschiedenheiten bezüglich des Vertragsinhalts vorzubeugen.

Schriftform für Gesellschaftsvertrag

Experten-Tipp

Es gibt Fälle, in denen der Abschluss eines schriftlichen Gesellschaftsvertrags nicht üblich ist und in denen durchaus auf die Schriftform verzichtet werden kann. Dies gilt namentlich für kurzzeitige Gelegenheitsgesellschaften, wie z. B. die gemeinsame Anmietung eines Tennisplatzes durch zwei Freunde zur Durchführung eines Tennismatches. Sobald aber finanzielle Interessen mit der Gesellschaft verbunden sind, sollte unbedingt ein schriftlicher Vertrag abgeschlossen werden. Dies dürfte jedenfalls immer bei wirtschaftlicher Betätigung der GbR der Fall sein. Spätestens wenn es an die Verteilung von Gewinnen oder Verlusten geht, bedarf es zur Vermeidung von Streitigkeiten einer verbindlichen und beweisbaren vertraglichen Grundlage.

Mindestanforderungen

Was sollte der Gesellschaftsvertrag mindestens regeln? Wie wir bereits gesehen haben, erfordert eine GbR, dass sich mindestens zwei Gesellschafter vertraglich verpflichten, zur Förderung eines bestimmten Zwecks zusammenzuwirken. Der Gesellschaftsvertrag muss daher die Gesellschafter sowie den gemeinsamen Zweck benennen. Neben diesen Mindestanforderungen sollte der Gesellschaftsvertrag Regelungen zu den folgenden Punkten treffen:

- Geschäftsführung,
- Vertretung,
- Gewinn- und Verlustverteilung, einschließlich Art und Zeitpunkt der Ausschüttung von Gesellschaftsgewinnen.

Besonderheiten

Besonderheiten haben Sie zu beachten, wenn Minderjährige als Gesellschafter beteiligt sein sollen sowie wenn Grundstücke in das Gesellschaftsvermögen eingebracht werden sollen. Im ersten Falle ist ggf. eine Genehmigung des Vormundschaftsgerichts erforderlich, im zweiten Falle sind die entsprechenden gesetzlichen Formvorschriften bezüglich der Übertragung von Grundstückseigentum zu beachten. So muss der Gesellschaftsvertrag notariell beurkundet werden, sofern sich ein Gesellschafter durch diesen verpflichtet, ein Grundstück in die Gesellschaft einzubringen.

Ausscheiden eines Gesellschafters

Der Gesellschaftsvertrag sollte darüber hinaus ausdrückliche Regelungen für das Ausscheiden eines Gesellschafters und die sich daraus ergebende Auseinandersetzung umfassen. Sofern die Gesellschaft durch das Ausscheiden des Gesellschafters nicht zwangsläufig beendet wird, sollten Sie überlegen, ob nicht eine Regelung über die Auseinandersetzung dahingehend getroffen werden soll, dass der Ausscheidende in Raten abzufinden ist, um nicht die Liquidität der Gesellschaft zu gefährden.

Experten-Tipp

Vertrag vorab prüfen lassen

Lassen Sie den Gesellschaftsvertrag immer von einem Rechtsanwalt überprüfen. Dieser wird Sie auf Fallstricke und mögliche Konsequenzen sowie auf eine ggf. erforderliche notarielle Beurkundung des Vertrags hinweisen. Sofern Sie mit der Gesellschaft wirtschaftlich tätig sein wollen, empfiehlt es sich, den Vertrag auch in steuerlicher Hinsicht von einem kundigen Rechtsanwalt oder Steuerberater durchsehen zu lassen. Vergessen Sie nie: Das Geld für eine ausführliche Beratung ist gut investiert, auch wenn die Gebühren der Rechtsanwälte und Steuerberater hoch sein mögen. Streitigkeiten, die sich hinterher aufgrund mangelnder Beratung im Vorfeld ergeben, sind jedenfalls in den meisten Fällen wesentlich teurer und zerstören in der Regel auch das Vertrauensverhältnis zwischen den Gesellschaftern derart, dass eine weitere Zusammenarbeit nur noch schwer möglich ist. In steuerlicher Hinsicht kann eine gestaltende Beratung vor Vertragsschluss helfen, die steuerliche Belastung entsprechend zu verringern. ◂

Mustervertrag für eine GbR

Eigentlich ist es aufgrund der vielen unterschiedlichen Erscheinungsformen der GbR kaum möglich, ernsthaft von einem Mustervertrag zu sprechen. Die folgenden Musterverträge sollen Ihnen daher lediglich als Beispiele dienen. Eine individuelle Ausgestaltung Ihres Vertrags nach den Zielen der Gesellschafter und nach dem jeweiligen Zweck der Gesellschaft ist unumgänglich. Es ist ratsam, den Gesellschaftsvertrag für Ihre GbR von einem Rechtsanwalt erstellen zu lassen. Zumindest ist jedoch eine Durchsicht Ihres individuell erstellten Vertrages durch einen Rechtsanwalt unbedingt zu empfehlen. In steuerlicher Hinsicht ist es sinnvoll, noch einen Steuerberater bei der Erstellung des Vertrags zu konsultieren.

Vertragsbeispiel I:

Vertrag zwischen zwei Gesellschaftern zum Betrieb einer Computerreparaturwerkstatt. Beide Gesellschafter leisten die gleichen Einlagen und Beiträge.

CD-ROM

Gesellschaftsvertrag

§ 1 Name und Sitz

(1) Herr Klaus Schrauber und Herr Peter Bastler errichten unter dem Namen „Klaus Schrauber und Peter Bastler Computerwerkstatt GbR" eine Gesellschaft bürgerlichen Rechts.

(2) Sitz der Gesellschaft ist: 10629 Berlin, Niebuhrstrasse 17

§ 2 Gesellschaftszweck

Zweck der Gesellschaft ist der Betrieb einer Computerwerkstatt und die Annahme von Reparaturaufträgen.

§ 3 Gesellschafter, Anteile

Gesellschafter sind Klaus Schrauber und Peter Bastler zu gleichen Anteilen.

§ 4 Einlagen

(1) Die Gesellschafter leisten jeweils eine Bareinlage in Höhe von EUR 5.000.-.

(2) Darüber hinaus bringen beide Gesellschafter jeweils einen Computer, einen Monitor und einen Drucker mit einem Gesamtwert von EUR 1.500.- in die Gesellschaft ein. Die Gegenstände werden der Gesellschaft unentgeltlich zur Nutzung überlassen.

§ 5 Sonstige Beiträge

Beide Gesellschafter sind verpflichtet, der Gesellschaft ihre volle Arbeitskraft zur Verfügung zu stellen.

§ 6 Geschäftsjahr, Beginn, Dauer

(1) Das Geschäftsjahr ist das Kalenderjahr.

(2) Die Gesellschaft beginnt ihre Tätigkeit am 1. September 20..

(3) Sie wird auf unbestimmte Zeit errichtet.

§ 7 Wettbewerbsverbot

(1) Den Gesellschaftern ist es nicht gestattet, der Gesellschaft Konkurrenz zu machen.

(1) Für den Fall der schuldhaften Zuwiderhandlung, hat der Zuwiderhandelnde eine Vertragsstrafe an die Gesellschaft zu zahlen. Diese beträgt EUR 1.500.- für jeden Fall der Zuwiderhandlung.

§ 8 Geschäftführung, Vertretung

Jeder Gesellschafter ist alleine zur Geschäftsführung und Vertretung berechtigt.

§ 9 Einnahmen und Ausgaben, Jahresabschluss

(1) Alle Geschäftsvorfälle (Einnahmen und Ausgaben) sind fortlaufend aufzuzeichnen. Eine kaufmännische Buchführung ist nicht erforderlich.

(2) Bis spätestens drei Monate nach Ablauf des Geschäftsjahres ist anhand der geführten Aufzeichnungen ein Jahresabschluss zu erstellen.

§ 10 Tätigkeitsvergütung

Jeder Gesellschafter erhält eine monatliche Tätigkeitsvergütung in Höhe von EUR ... Diese ist jeweils zahlbar zum 15. des Monats.

§ 11 Gewinn- und Verlustverteilung

Die Gesellschafter haben einen gleich hohen Anteil am Gewinn und Verlust.

§ 12 Entnahmen

(1) Von dem nach Abzug der gezahlten Tätigkeitsvergütungen verbleibenden Gewinn, erhalten die Gesellschafter jeweils einen hälftigen Anteil.

(2) Die Gesellschafter können den ihnen zustehenden Gewinn nach Feststellung des Jahresabschlusses entnehmen.

§ 13 Urlaub

Jeder Gesellschafter hat Anspruch auf 28 Kalendertage Urlaub pro Jahr. Der Urlaub ist abzusprechen.

§ 14 Kündigung

(1) Jeder Gesellschafter ist berechtigt, die Gesellschaft mit einer Frist von sechs Monaten zum Ende des Kalenderjahres zu kündigen.

(2) Im Falle der Kündigung eines Gesellschafters hat der andere Gesellschafter das Recht, das Gesellschaftsvermögen zu übernehmen. Die Übernahme muss innerhalb einer Frist von einem Monat nach Eintritt des Auflösungsgrundes gegenüber dem Kündigenden erklärt werden.

(3) Übernimmt der verbleibenden Gesellschafter das Gesellschaftsvermögen nicht, löst sich die Gesellschaft durch die Kündigung auf.

§ 15 Abfindung

(1) Für den Fall, dass der verbleibende Gesellschafter sein Recht zur Übernahme des Gesellschaftsvermögens ausübt, erhält der ausscheidende Gesellschafter eine seinem Anteil an der Gesellschaft entsprechende Abfindung. Die Abfindung ergibt sich aus einer auf den Tag des Ausscheidens zu erstellenden Auseinandersetzungsbilanz, in die alle Gegenstände mit ihrem jeweiligen Verkehrswert einzustellen sind.

(2) Am Ergebnis von Geschäften, die zum Zeitpunkt der Erstellung der Auseinandersetzungsbilanz noch nicht abgeschlossen waren, wird der Ausscheidende nicht beteiligt.

§ 16 Schriftform

Änderungen und Ergänzungen dieses Vertrages bedürfen der Schriftform.

§ 17 Salvatorische Klausel

(1) Sollte eine Bestimmung dieses Vertrages ganz oder teilweise unwirksam sein oder werden, so bleibt davon die Wirksamkeit der übrigen Bestimmungen unberührt.

(2) Die Gesellschafter haben die unwirksame Bestimmung durch eine wirksame zu ersetzen. Ist den Gesellschaftern die Unwirksamkeit nicht bekannt oder bewusst, so gelten in Ermangelung einer anderen Regelung die §§ 705 ff BGB.

Berlin, den

Unterschrift Klaus Schrauber

Berlin, den

Unterschrift Peter Bastler

Vertragsbeispiel II:

Vertrag über den gemeinsamen Betrieb einer Modeboutique. Einlagen in unterschiedlicher Höhe.

Gesellschaftsvertrag

§ 1 Name und Sitz

(1) Frau Simone Paris, Frau Petra Zobel und Frau Meike Edel errichten unter dem Namen „Ultimate Fashion Simone Paris, Petra Zobel, Meike Edel GbR" eine Gesellschaft bürgerlichen Rechts.

(2) Sitz der Gesellschaft ist: 10707 Berlin, Kurfürstendamm 375

§ 2 Gesellschaftszweck

Zweck der Gesellschaft ist der Betrieb einer Modeboutique, insbesondere der Einzelhandel mit Kleidungsstücken.

§ 3 Gesellschafter, Anteile

(1) Gesellschafter sind Simone Paris, Petra Zobel und Meike Edel.

(2) Die Gesellschafter sind mit folgenden Anteilen an der Gesellschaft beteiligt:

Frau Simone Paris zu 40%;

Frau Petra Zobel zu 40%;

Frau Meike Edel zu 20%

§ 4 Einlagen

(1) Die Gesellschafter leisten folgende Bareinlagen:

Frau Simone Paris: 20.000 Euro

Frau Petra Zobel: 20.000 Euro

Frau Meike Edel: 10.000 Euro

(2) Die Einlagen sind sofort fällig und auf das Konto der Gesellschaft bei der Berliner Sparkasse einzuzahlen.

§ 5 Sonstige Beiträge, Nebentätigkeiten

(1) Alle Gesellschafter sind verpflichtet, der Gesellschaft ihre volle Arbeitskraft zur Verfügung zu stellen.

(2) Ein Gesellschafter darf Nebentätigkeiten nur mit Zustimmung der anderen Gesellschafter ausüben.

(3) Frau Petra Zobel ist berechtigt, weiterhin gelegentlich für die Zeitschrift „Berlin Fashion" als Kolumnistin tätig zu sein, sofern dadurch die Interessen der Gesellschaft nicht beeinträchtigt werden.

§ 6 Geschäftsjahr, Beginn der Gesellschaft, Dauer

(1) Das Geschäftsjahr ist das Kalenderjahr.

(2) Die Gesellschaft beginnt am 1.1.20 ...

(3) Die Gesellschaft ist auf unbestimmte Dauer eingegangen.

§ 7 Wettbewerbsverbot

Den Gesellschaftern ist es nicht erlaubt, der Gesellschaft Konkurrenz zu machen. Insbesondere ist die Beteiligung an oder die Betätigung für Konkurrenzunternehmen untersagt.

§ 8 Geschäftsführung, Vertretung

(1) Jeder Gesellschafter ist im Rahmen des gewöhnlichen Geschäftsbetriebs alleine zur Geschäftsführung und Vertretung berechtigt.

(2) Für Handlungen, die über den gewöhnlichen Geschäftsbetrieb hinausgehen, hat jeder Gesellschafter zuvor einen Gesellschafterbeschluss herbeizuführen. Dies ist namentlich der Fall bei Geschäften, die einen Betrag von 5.000 Euro übersteigen sowie bei Geschäften, die eine laufende Verpflichtung begründen.

§ 9 Gesellschafterbeschlüsse

Gesellschafterbeschlüsse können nur einstimmig gefasst werden.

§ 10 Gesellschafterversammlung

(1) Jeder Gesellschafter ist berechtigt, die Abhaltung einer Gesellschafterversammlung zu verlangen. Der Gesellschafter hat dazu formlos die Gesellschafterversammlung einzuberufen.

(2) Für den Verlauf der Versammlung wird keine bestimmte Form vorgeschrieben. Dies gilt mit Ausnahme des § 9 dieses Vertrags.

(3) Der einberufende Gesellschafter hat eine Niederschrift über die Versammlung anzufertigen, aus der die gefassten Gesellschafterbeschlüsse hervorgehen. Er hat den anderen Gesellschaftern eine Kopie der Niederschrift zur Verfügung zu stellen.

§ 11 Tätigkeitsvergütung

(1) Für ihre Tätigkeit erhalten die Gesellschafter jeweils eine Vergütung von 1.500 Euro monatlich.

(2) Die unterjährig ausgezahlten Tätigkeitsvergütungen vermindern entweder den Gewinn der Gesellschaft oder erhöhen den Verlust der Gesellschaft.

(3) Die Vergütung ist jeweils zum 15. eines Monats fällig.

§ 12 Einnahmen und Ausgaben der Gesellschaft, Jahresabschluss

(1) Die Gesellschaft ist verpflichtet, entsprechend den steuerrechtlichen Vorschriften Aufzeichnungen über die Geschäftsvorfälle (Einnahmen und Ausgaben) zu führen, den Jahresabschluss zu erstellen sowie die Geschäftsbücher aufzubewahren.

(2) Mit der Erstellung des Jahresabschlusses wird ein Angehöriger der steuerberatenden Berufe beauftragt.

§ 13 Gewinn- und Verlustverteilung, Entnahmen

(1) Gewinn oder Verlust der Gesellschaft werden anhand des Jahresabschlusses ermittelt.

(2) Die Gesellschafter haben einen ihrem Anteil an der Gesellschaft entsprechenden Anteil an Gewinn und Verlust der Gesellschaft.

(3) Die Gesellschafter sind mit Feststellung des Jahresabschlusses berechtigt, die ihnen zustehenden Beträge in voller Höhe zu entnehmen.

(4) Eine gemeinschaftliche Rücklage wird nicht gebildet.

§ 14 Informationsrecht

Jeder Gesellschafter ist berechtigt, sich durch Einblick in die Geschäftsbücher und sonstigen Unterlagen über den Stand und die Angelegenheiten der Gesellschaft zu informieren sowie sich eine Übersicht über das Gesellschaftsvermögen anzufertigen.

§ 15 Urlaub

Jeder Gesellschafter hat Anspruch auf einen Jahresurlaub von 30 Werktagen. Der Urlaub soll nur nach Absprache mit den anderen Gesellschaftern genommen werden.

§ 16 Krankheit

Kann ein Gesellschafter krankheitsbedingt nicht für die Gesellschaft tätig sein, hat er dennoch Anspruch auf die Tätigkeitsvergütung nach § 10, jedoch längstens für einen Zeitraum von sechs Wochen.

§ 17 Übertragung und Verfügung

Ein Gesellschafter kann seinen Gesellschaftsanteil nur mit vorheriger Zustimmung aller übrigen Gesellschafter auf Dritte übertragen oder in sonstiger Weise darüber verfügen.

§ 18 Kündigung

(1) Jeder Gesellschafter kann den Gesellschaftsvertrag mit einer Frist von sechs Monaten zum Jahresende kündigen.

(2) Durch die Kündigung wird die Gesellschaft nicht aufgelöst. Sie wird unter den verbleibenden Gesellschaftern fortgesetzt.

§ 19 Ausschluss

(1) Liegt in der Person eines Gesellschafters ein wichtiger Grund vor, der die übrigen Gesellschafter nach § 723 Abs. 1 Satz 2 BGB zur außerordentlichen Kündigung berechtigen würde, kann er durch die anderen Gesellschafter aus der Gesellschaft ausgeschlossen werden.

(2) Der Ausschluss hat durch schriftliche Erklärung gegenüber dem auszuschließenden Gesellschafter zu erfolgen.

(3) Durch den Ausschluss wird die Gesellschaft nicht aufgelöst. Sie wird unter den verbleibenden Gesellschaftern fortgesetzt.

§ 20 Tod eines Gesellschafters

(1) Durch den Tod eines Gesellschafters wird die Gesellschaft nicht aufgelöst. Sie wird unter den verbleibenden Gesellschaftern fortgesetzt.

(2) Die Erben des verstorbenen Gesellschafters werden abgefunden.

§ 21 Abfindung

(1) Der ausscheidende Gesellschafter hat Anspruch auf eine Abfindung. Im Falle des Todes eines Gesellschafters steht dieser Anspruch dessen Erben zu.

(2) Die Abfindung richtet sich nach dem der Beteiligung des Gesellschafters an der Gesellschaft entsprechenden Anteil.

(3) Der Abfindungsbetrag wird durch Erstellung einer Abfindungsbilanz festgestellt. Diese ist auf den Tag des Ausscheidens zu erstellen. In sie sind alle Vermögensgegenstände der Gesellschaft mit ihrem wirklichen Wert einzustellen.

(4) Kann eine Einigung über die Höhe der Abfindung nicht erzielt werden, so wird diese durch einen von der IHK Berlin zu benennenden Sachverständigen verbindlich festgestellt. Die Kosten dieser Feststellung haben der ausscheidende und die verbleibenden Gesellschafter jeweils zur Hälfte zu tragen.

(5) Der Abfindungsbetrag ist in 24 gleichen Monatsraten zu zahlen. Der Betrag ist nicht zu verzinsen. Die erste Rate ist einen Monat nach Feststellung der Abfindungsbilanz zu zahlen.

§ 22 Schriftform

Änderungen und Ergänzungen dieses Vertrags bedürfen der Schriftform.

§ 23 Salvatorische Klausel

(1) Sofern einzelne Bestimmungen dieses Vertrags ganz oder teilweise unwirksam sind, wird dadurch die Wirksamkeit der anderen Bestimmungen dieses Vertrags nicht berührt.

(2) Die unwirksame Klausel ist durch eine wirksame zu ersetzen, die dem Zweck der ursprünglich gewollten Klausel soweit wie möglich nahe kommt. Ist den Gesellschaftern die Unwirksamkeit nicht bekannt oder nicht bewusst, so gelten in Ermangelung einer anderen Regelung die §§ 705 ff. BGB.

Berlin, den	Unterschrift Simone Paris
Berlin, den	Unterschrift Petra Zobel
Berlin, den	Unterschrift Meike Edel

Schiedsgerichtsvereinbarung

Ausschluss des ordentlichen Gerichtswegs

Oftmals wird empfohlen, in den Vertrag noch eine Schiedsgerichtsvereinbarung aufzunehmen. Was hat es damit auf sich? Grundsätzlich sind für Streitigkeiten aus dem Vertragsverhältnis die ordentlichen Gerichte zuständig. Können sich die Gesellschafter bei einem Streit nicht einigen, wird dieser durch das Beschreiten des Gerichtsweges quasi in der Öffentlichkeit ausgetragen. Dies kann nicht nur persönlich unangenehm für die Gesellschafter sein. Es kann auch den guten Ruf einer Gesellschaft beeinträchtigen, wenn beispielsweise Kunden oder Geschäftspartner mitbekommen, dass sich die Gesellschafter der GbR vor Gericht begegnen. Um dies zu vermeiden, haben Sie die Möglichkeit, eine Schiedsgerichtsklausel in Ihren Gesellschaftsvertrag aufzunehmen. In einer solchen wird üblicherweise bestimmt, dass der ordentliche Gerichtsweg für Streitigkeiten zwischen den Gesellschaftern oder zwischen Gesellschaftern und der Gesellschaft selbst ausgeschlossen ist und die Streitigkeit durch ein Schiedsgericht zu entscheiden ist. Sie haben dann die Möglichkeit, die Besetzung des Schiedsgerichts sowie die Förmlichkeiten des Verfahrens in einer Schiedsgerichtsvereinbarung frei zu bestimmen.

Nachteile

Wenn Sie die Vereinbarung des Schiedsgerichtsverfahrens in Betracht ziehen, sollten Sie sich auch mit den möglichen Nachteilen einer solchen Regelung auseinandersetzen. So kann es dem Schiedsrichter im Einzelfall an den erforderlichen fachlichen Kenntnissen mangeln. Kann dies noch durch die Auswahl entsprechend versierter Schiedsrichter vermieden werden, so ist die Gefahr mangelnder persönlicher Objektivität derselben nicht von vorneherein auszuschließen. Vor allem aber besteht die Gefahr, dass die Gesellschafter ein Schiedsgericht und das Schiedsverfahren nicht ernst nehmen, da es sich ja nicht um ein „richtiges" Gericht handelt, und sich deswegen nicht im erforderlichen Maße engagieren.

Sofern Sie dennoch die Zuständigkeit eines Schiedsgerichts begründen wollen, kann und muss der Gesellschaftsvertrag eine entsprechende Bestimmung enthalten. Diese kann beispielsweise wie folgt lauten:

Beispielformulierung

„§ ... Schiedsgericht

Für Streitigkeiten zwischen den Gesellschaftern bezüglich des vorliegenden Vertrags wird der ordentliche Rechtsweg ausgeschlossen und die Zuständigkeit eines Schiedsgerichts begründet. Die Gesellschafter regeln die Einzelheiten zum Schiedsverfahren, insbesondere Zusammensetzung des Schiedsgerichts sowie Ablauf des Verfahrens in einer gesonderten Schiedsgerichtsvereinbarung. Diese ist dem vorliegenden Vertrag als Anlage beigefügt. Alle Gesellschafter unterwerfen sich dieser Vereinbarung. Dies gilt auch für später eintretende Gesellschafter."

Schiedsvertrag

Rechtsanwalt zurate ziehen

Sie müssen dann den Gesellschaftsvertrag noch um einen Schiedsvertrag ergänzen. In diesem werden dann Bestimmungen etwa zum Ort der Abhaltung des Schiedsgerichts, der Zusammensetzung desselben, zur Frage, wie die Schiedsrichter bestellt werden, zu Ablauf und Durchführung des Verfahrens sowie der Beendigung desselben getroffen. Soweit der Schiedsvertrag keine Bestimmungen trifft, kann das Schiedsgericht unter Berücksichtigung der gesetzlichen Regeln über das Schiedsverfahren das Verfahren weitgehend selbst bestimmen. Die nähere Darstellung des Schiedsverfahrens und der Abdruck eines Schiedsvertrags würden den Rahmen dieses Handbuches sprengen. Für den Fall, dass Sie eine Schiedsvereinbarung treffen wollen, ist es ohnehin unbedingt zu empfehlen, einen Rechtsanwalt für die Erstellung zurate zu ziehen, damit die Vereinbarung für alle Gesellschafter interessengerecht ausfällt. Sie sollten nämlich nicht übersehen, dass ein Schiedsspruch nach § 1055 ZPO unter den Parteien die Wirkung eines rechtskräftigen Urteils hat. Er kann daher nicht mit Rechtsmitteln angegriffen werden!

Was sollte noch vertraglich geregelt werden?

Bei der GbR gehen mehrere Gesellschafter eine enge Verbindung ein. Konflikte unter den Gesellschaftern lassen sich dabei nie ganz vermeiden. Große Sprengkraft können insbesondere die Verteilung der Kompetenzen und finanzielle Fragen entwickeln. Je nach Bedarf Ihrer konkreten GbR kann es daher empfehlenswert sein, sich bereits bei der Gründung der Gesellschaft noch über die folgenden Punkte Gedanken zu machen und diese ggf. auch im Gesellschaftsvertrag ausdrücklich zu regeln:

- Zeitrahmen für die Tätigkeit der Gesellschafter: Unter Umständen empfiehlt sich eine ausdrückliche Regelung darüber, wie viel Zeit die einzelnen Gesellschafter für die Tätigkeit in der GbR täglich oder wöchentlich aufzubringen haben. Ebenso empfiehlt sich eine Regelung über Urlaub. *Zeitrahmen für die Tätigkeit der Gesellschafter*
- Entnahmen: Sofern aus der GbR der Lebensunterhalt der Gesellschafter bestritten wird, werden diese auf monatliche Entnahmen angewiesen sein. Es empfiehlt sich, sofern dies möglich ist, die Höhe der Entnahmen vorab zu vereinbaren. Ebenso können Sie vorab bereits eine Regelung für den Fall treffen, dass ein Gesellschafter aufgrund Krankheit oder Berufsunfähigkeit nicht mehr in der Lage ist, in der Gesellschaft mitzuarbeiten. Sie können dann beispielsweise bestimmen, nach welchem Zeitraum sich die Tätigkeitsvergütung verringert oder diese ganz entfällt. *Entnahmen*
- Kompetenzen und Tätigkeitsschwerpunkte: Die Kompetenzen der einzelnen Gesellschafter und die sich daraus ggf. ergebenden Konsequenzen, wie z. B. Weisungs- und Kontrollbefugnis, sollten geklärt sein. Sofern die Gesellschafter eine Arbeitsteilung beabsichtigen, sollte Sie diese und die sich daraus ergebenden Tätigkeitsschwerpunkte ebenfalls bereits vorab festlegen. *Kompetenzen und Tätigkeitsschwerpunkte*

Wie können Sie Ihre GbR nennen?

Freie Namensführung

Da sich die GbR letztlich als Zusammenschluss einzelner Gesellschafter darstellt, stellt sich die Frage, wie die GbR namentlich nach außen auftreten kann. Früher wurde die Auffassung vertreten, dass die GbR im Geschäftsverkehr immer unter den Namen all ihrer Gesellschafter aufzutreten habe. Mittlerweile ist jedoch anerkannt, dass die GbR auch unter einer so genannten Sammel- oder Geschäftsbezeichnung auftreten kann. Als solche gilt ein Name, der nicht alle oder sogar gar keinen der Gesellschafternamen enthält, also beispielsweise „Teeladen Rosenstraße GbR“.

Einschränkungen

Praxis-Beispiel

Bernd und Uwes Weltkonzern

Bernd und Uwe betreiben im Rahmen einer GbR eine kleine Spedition mit nur einem LKW. Sie haben keine Angestellten und sind fast ausschließlich in und um Berlin tätig, wobei sie selbst keine Aufträge vermitteln, sondern hauptsächlich von größeren Speditionen mit kleineren Frachtaufträgen versorgt werden. Dennoch sind die beiden sehr ambitioniert und versprechen sich von einem zugkräftigen Namen eine deutliche Zunahme der Aufträge. Sie entscheiden sich daher für den Namen „International Express Worldwide Overnight Transports GbR" und treten unter diesem Namen auch im Geschäftsverkehr auf. In der Folge werden sie von einem Kollegen abgemahnt und aufgefordert, die Verwendung des „irreführenden" Namens zu unterlassen, da dieser gegen das Wettbewerbsrecht verstoße. ◂

Es gibt Einschränkungen, die bei der Namenswahl berücksichtigt werden sollten. So darf beispielsweise der Name der GbR nicht mit einer kaufmännischen Firma verwechselbar sein. Mit der Firma des Kaufmanns ist im rechtlichen Sprachgebrauch nicht etwa das Unternehmen des Kaufmanns, sondern seine namentliche Bezeichnung im Geschäftsverkehr gemeint, § 17 I HGB. Es empfiehlt sich daher immer, dem Namen der GbR den Zusatz „Gesellschaft bürgerlichen Rechts“ oder zumindest die Abkürzung „GbR“ anzuhängen, um eine Verwechslung mit der kaufmännischen Firma auszuschließen. Des Weiteren sollten Sie auf die Verwendung von Zeichen oder

Formulierungen verzichten, die typischerweise mit einer kaufmännischen Firma in Verbindung gebracht werden, wie z. B. das kaufmännische Zeichen „&" für das Wort „und" oder familienbezogene Zusätze wie „und Söhne" oder „Gebrüder" zum Namen eines Gesellschafters. Um eine Verwechslung mit einer Partnerschaftsgesellschaft zu vermeiden, ist auch die Verwendung des Zusatzes „& Partner" oder „Partnerschaft" unzulässig. Diese Zusätze dürfen nach dem Partnerschaftsgesellschaftsgesetz (PartGG) seit einigen Jahren nur noch von eingetragenen Partnerschaften verwendet werden, § 11 I PartGG. Ansonsten sollten Sie noch auf die üblichen, sich vor allem aus dem Recht des unlauteren Wettbewerbs ergebenden Grenzen der Namenswahl achten. Insbesondere darf die Bezeichnung der Gesellschaft nicht sittenwidrig oder irreführend sein. Um letzteren Fall handelt es sich im Beispiel, da die durch den gewählten Namen geweckten Assoziationen in keiner Weise mit den tatsächlichen betrieblichen Umständen übereinstimmen. Der abmahnende Konkurrent hat daher gute Chancen, den Gebrauch des Namens wegen eines Verstoßes gegen § 3 UWG (Gesetz gegen den unlauteren Wettbewerb) untersagen lassen zu können.
Eine Einschränkung für die freie Namensführung gilt aus Gründen der Rechtsklarheit jedoch für das Grundbuch. Dort wird die GbR nur unter den Namen aller Gesellschafter eingetragen. Auch kann das Standesrecht im Bereich der freien Berufe bestimmen, dass alle Gesellschafter namentlich genannt werden müssen, wie dies beispielsweise durch die Bundesrechtsanwaltsordnung für den Fall der Bildung einer Sozietät unter Rechtsanwälten bestimmt wird.

Namensschutz

Schutz nach Markengesetz möglich

Der Name der GbR unterliegt dem Namensschutz nach § 12 BGB. Sofern es sich um eine gewerblich tätige GbR handelt, kommt auch ein Schutz des Gesellschaftsnamens nach dem Markengesetz in Betracht. Allerdings wird aus Gründen der Rechtsklarheit gefordert, dass eine Eintragung in das Markenregister, ähnlich wie im Grundbuch, nur unter den Namen aller Gesellschafter erfolgen kann.

Verwendung des Namens im Geschäftsverkehr

Zur Namensführung der GbR sind vor allem aufgrund mangelnder gesetzlicher Regelung zahlreiche Gerichtsentscheidungen ergangen. Die Rechtsprechung ist unübersichtlich. Wie bereits dargelegt, herrscht mittlerweile allerdings Klarheit, dass eine GbR nicht unbedingt unter Verwendung aller Vor- und Nachnamen der Gesellschafter auftreten muss. Dies wurde früher so vertreten, war allerdings in der Praxis gerade bei Gesellschaften mit vielen Gesellschaftern nicht praktikabel. Die Rechtsprechung hat sich daher den tatsächlichen Verhältnissen angepasst.
Aber: Nach der Gewerbeordnung haben Gewerbetreibende auf Geschäftsbriefen den ausgeschriebenen Vor- und Nachnamen anzugeben (§ 15 b I GewO). Im Falle der gewerblich tätigen GbR gilt dies für alle Gesellschafter. Ebenso haben Rechtsanwälte nach der Berufsordnung für Rechtsanwälte auf Ihren Geschäftsbriefen die Namen sämtlicher Gesellschafter aufzuführen (§ 10 BORA).

Übersicht: Namensführung

CD-ROM

Als zulässig wird (mittlerweile) angesehen:

- Name der GbR setzt sich zusammen aus den Namen der Gesellschafter
- Beispiel: „Herbert Maier und Robert Niederegger GbR"
- Name der GbR setzt sich zusammen aus den Namen der Gesellschafter zuzüglich einer Sachbezeichnung
- Beispiel: „Fahrradverleih Herbert Maier und Robert Niederegger GbR" oder „Fahrradverleih Maier und Niederegger GbR"
- Name der GbR besteht aus einer Sammel- oder Geschäftsbezeichnung
- Beispiel: „GbR Rosenstrasse" oder „Fahrradverleih Rosenstrasse GbR"

Als unzulässig gilt:

- Verwendung einer kaufmännischen Firma
- Beispiel: „Maier & Niederegger", „Maier & Co."
- Zusatz „& (und) Partner"
- Beispiel: „Maier & Partner"

Wann sind die Beiträge zu erbringen?

Im Gesellschaftsvertrag verpflichten sich die Gesellschafter regelmäßig zur Leistung von Beiträgen. Wann müssen diese erbracht werden? Sofern Sie im Gesellschaftsvertrag nichts anderes bestimmt haben, sind sie im Zweifel direkt nach Abschluss des Vertrags zu erbringen. In der Regel wird jedoch im Gesellschaftsvertrag eine Regelung darüber zu finden sein, wann und in welchem Umfang die Gesellschafter Beiträge zu leisten haben.

Art und Umfang der Beiträge genau vereinbaren

Art und Umfang der zu leistenden Beiträge sollten bezüglich jeden Gesellschafters genau vereinbart und im Gesellschaftsvertrag festgehalten werden. Das Thema Beiträge ist in der Praxis einer der Hauptstreitpunkte zwischen den Gesellschaftern. Sie sollten daher auch unbedingt vereinbaren, was passieren soll, wenn ein Gesellschafter seiner Beitragspflicht nicht nachkommt, oder nicht mehr nachkommen kann.

Formalitäten bei der Gründung

Im Vergleich zu anderen Rechtsformen können Sie eine Gesellschaft bürgerlichen Rechts einfach gründen. Formvorschriften für den Gründungsakt bestehen nicht. Dennoch müssen Sie bei der Gründung eine Reihe von Formalitäten beachten, insbesondere notwendige Anmeldungen vornehmen und ggf. erforderliche Genehmigungen beantragen.

Formalitäten frühzeitig erledigen

Achten Sie im Gründungsstadium unbedingt darauf, alle nötigen Formalitäten und Anmeldungen so früh wie möglich zu erledigen. Zum einen bewahrt dies vor unangenehmen Nachfragen der jeweiligen Stellen und Behörden, zum anderen müssen Sie als Existenzgründer so schnell wie möglich „den Rücken freibekommen", um sich der eigentlich beabsichtigten Tätigkeit zuwenden zu können.

Immer Anmeldung beim Finanzamt

Die Anmeldungen sind bei den jeweils zuständigen Behörden zu tätigen. Welche Behörden Sie im Einzelfall benachrichtigen müssen, hängt von der Art Ihrer wirtschaftlichen Betätigung ab. Die Anmeldung beim Finanzamt ist immer erforderlich. Im Falle der Meldung beim Gewerbeamt übernimmt dieses jedoch die Mitteilung an das Finanzamt, sodass das Finanzamt von sich aus aktiv wird.

Gewerbeamt

Sofern die Geschäftstätigkeit Ihrer GbR auf gewerblicher Tätigkeit basiert, so müssen Sie dies beim Gewerbeamt anzeigen. Ein Gewerbe liegt bei einer selbstständigen wirtschaftlichen Tätigkeit dann vor, wenn diese dauerhaft, planmäßig und regelmäßig erfolgt, auf die Erzielung von Gewinn ausgerichtet ist und nicht im Rahmen eines freien Berufes ausgeübt wird.

Gesellschafter als Gewerbetreibende

Die entsprechenden Verwaltungsvorschriften zur Gewerbeanmeldung sehen allerdings vor, dass nicht die GbR selbst, sondern deren Gesellschafter Gewerbetreibende sind. Deshalb muss jeder Gesellschafter einer GbR eine Gewerbeanzeige erstatten. Beim Eintritt eines weiteren Gesellschafters muss dieser ebenfalls eine Gewerbeanmeldung erstatten und beim Ausscheiden eines Gesellschafters ist eine Gewerbeabmeldung durch den Ausscheidenden zu erstatten.

Genehmigungspflicht beachten

Sie müssen darüber hinaus ggf. noch tätigkeitsspezifische Genehmigungspflichten oder Erfordernisse beachten. So ist beispielsweise zur Ausübung bestimmter gewerblicher Tätigkeiten eine Erlaubnis in Form einer Zulassung oder Genehmigung erforderlich. Zu den genehmigungspflichtigen Gewerben gehören etwa:

Genehmigungspflichtige Gewerbe

- Aufstellen von Spielautomaten
- Arbeitnehmerüberlassung
- Bewachung
- Buchführungshelfer
- Fahrschule
- Gastgewerbe
- Güterkraftverkehr (Gefahrgut)

- Handel mit Waffen und Munition
- Inkassotätigkeit
- Maklertätigkeit
- Personenbeförderung
- Pfandleihgewerbe
- Versteigerungsgewerbe

Die Erteilung der Erlaubnis hängt je nach Gewerbe von den folgenden Voraussetzungen ab: Voraussetzungen

- Persönliche Zuverlässigkeit: Diese können Sie in der Regel durch die Vorlage eines polizeilichen Führungszeugnisses und ggf. anhand eines Auszuges aus dem Gewerbezentralregister oder einer Unbedenklichkeitsbescheinigung des Finanzamtes nachweisen.
- Sachliche Voraussetzungen: Dazu zählen insbesondere das Vorliegen der notwendigen wirtschaftlichen Leistungsfähigkeit sowie ggf. der erforderliche Zustand der Gewerberäume.
- Fachliche Voraussetzungen: Diese sind anhand eines so genannten Fachkundenachweises zu belegen. Je nach Gewerbe kann es sich dabei um ein Zeugnis, ein Diplom oder eine andere Bescheinigung handeln.

Nähere Auskünfte zu den genehmigungspflichtigen Tätigkeiten erteilen Ihnen die Industrie- und Handelskammern sowie die jeweiligen Branchenverbände.

Finanzamt

Das Gewerbeamt benachrichtigt nach getätigter Gewerbeanmeldung von sich aus weitere Behörden, darunter auch das Finanzamt. Dieses teilt Ihnen dann automatisch eine Steuernummer zu und übersendet ein Formular zur steuerlichen Erfassung, welches von Ihnen ausgefüllt zurückzureichen ist.

Experten-Tipp

Steuerberater konsultieren

Der so genannte „Fragebogen zur steuerlichen Erfassung" des Finanzamts enthält unter anderem Fragen zur Umsatz- und Gewinnerwartung. Besprechen Sie vor dem Ausfüllen die einzelnen Punkte mit Ihrem steuerlichen Berater. Er wird Ihnen das Formular erklären und Sie darüber informieren, wie Sie das Formular – selbstverständlich im Rahmen der Wahrheitspflicht – auszufüllen haben. So kann beispielsweise die leichtfertige Angabe unrealistisch hoher Gewinnerwartungen dazu führen, dass das Finanzamt steuerliche Vorauszahlungen in einer Höhe festsetzt, die die Liquidität der Gesellschaft erheblich belasten. Es kann dann zwar eine Anpassung an die tatsächlichen Verhältnisse beantragt werden, dennoch sollten derlei Unannehmlichkeiten von vorneherein durch realistische Angaben vermieden werden. Anderseits kann die Angabe zu geringer Umsatz- und Gewinnerwartungen zu Steuernachzahlungen führen. Auch hier gilt es, unnötige Komplikationen so weit wie möglich zu vermeiden, um sich möglichst bald auf das eigentliche Geschäft konzentrieren zu können. ◂

Freiberufler haben sich naturgemäß nicht beim Gewerbeamt anzumelden, da sie gerade kein Gewerbe ausüben. Sie müssen daher die finanzamtliche Anmeldung selbst vornehmen. Dies gilt auch für die in einer GbR, beispielsweise einer ärztlichen Gemeinschaftspraxis, tätigen Freiberufler.

Berufsständische Kammern

Pflichtmitgliedschaft

Für bestimmte Tätigkeiten gibt es eine Pflichtmitgliedschaft in den zuständigen Kammern. Näheres, auch zur Frage der Beiträge, erfahren Sie bei der jeweils zuständigen Kammer vor Ort.

Welche Kammer im Einzelfall sachlich zuständig ist, richtet sich nach der ausgeübten Tätigkeit.

Die Anschrift der örtlich zuständigen Kammer finden Sie im örtlichen Telefonverzeichnis oder bei den jeweiligen Zentral- und Dachorganisationen. Diese sind beispielsweise

im Bereich der Industrie- und Handelskammern:

Deutscher Industrie- und Handelskammertag (DIHK)
Breite Straße 29

10178 Berlin
Tel.: 030/ 20 30 8-0
Fax: 030/ 20 30 8-10 00
www.dihk.de

im Bereich der Handwerkskammern:
Zentralverband des Deutschen Handwerks (ZDH)
Mohrenstr. 20/21
10117 Berlin
Tel.: 030/ 20 619-0
Fax: 030/ 20 619460
www.zdh.de

für die Rechtsanwaltskammern:
Bundesrechtsanwaltskammer (BRAK)
Littenstr. 9
10179 Berlin
Tel.: 030/ 28 49 39-0
Fax: 030/ 28 49 39-11
www.brak.de

für die Notarkammern:
Bundesnotarkammer
Mohrenstr. 34
10117 Berlin
Tel.: 030/ 38 38 66 -0
Fax: 030/ 38 38 66 66
www.bnotk.de

für die Steuerberaterkammern:
Bundessteuerberaterkammer
Neue Promenade 4
10178 Berlin
Tel.: 030/ 24 00 87-0
Fax: 030/ 24 00 87-99

Gewerbeaufsichtsamt

Betriebsräume

Ihre Betriebsräume müssen den gesetzlichen Bestimmungen entsprechen. Dies gilt in besonderem Maße für das Gastgewerbe. Auskünfte dazu erteilt das jeweilige Gewerbeaufsichtsamt.

Bauamt

Nutzungsänderung

Sofern Ihre zukünftigen Betriebsräume zuvor in anderer Art benutzt worden sind, müssen Sie ggf. auch eine Nutzungsänderung beim Bauamt beantragen.

Gesundheitsamt

Bescheinigung

Beim berufsmäßigen Umgang mit Lebensmitteln (Verkauf von Lebensmittel, Gastgewerbe) benötigen Sie in der Regel eine Unbedenklichkeitsbescheinigung des Gesundheitsamts.

Umweltamt

Umweltschutzauflagen

Prüfen Sie vor der Aufnahme der Tätigkeit, ob für deren Ausübung Auflagen aus dem Bereich des Umweltschutzes zu erfüllen sind. Die dafür ggf. anfallenden Kosten sollten Sie bereits vorab berücksichtigen, da diese sehr hoch sein können. Informationen und Auskünfte erteilt das Umweltamt.

Berufsgenossenschaft

Arbeitsunfälle

Die Berufsgenossenschaft deckt das Risiko von Arbeitsunfällen ab. Ob der Abschluss einer gesetzlichen Unfallversicherung im Einzelfall verpflichtend ist, hängt von der jeweiligen Berufsgruppe ab. Die Versicherung von Mitarbeitern ist Pflicht. Nähere Informationen erhalten Sie bei den zuständigen Berufsgenossenschaften.

Was haben Sie beim Umgang mit Behörden zu berücksichtigen?

Auch wenn der Umgang mit Behörden lästig sein mag, ist er leider unumgänglich. Umso wichtiger ist es deshalb, dass Sie den Verkehr so planen und gestalten, dass die jeweilige Behörde möglichst wenig Anlass für Rückfragen hat. Diese kosten nämlich wichtige Zeit. Zeit, in der Sie schlimmstenfalls nicht arbeiten und deshalb auch kein Geld verdienen können.

Insbesondere sollten Sie auf Folgendes achten:

- Vorab informieren: Bei welchen Behörden muss die Tätigkeit gemeldet werden? Ist die Tätigkeit genehmigungspflichtig? Was für Unterlagen müssen vorgelegt werden? *Vorab-information*
- Zeitlicher Vorlauf: Sofern die Tätigkeit eine Erlaubnis oder eine Genehmigung voraussetzt, sollten Sie auf ausreichenden zeitlichen Vorlauf achten. *Zeitlicher Vorlauf*
- Vollständigkeit: Wurden alle erforderlichen Anträge gestellt? Müssen noch Unterlagen nachgereicht werden? *Vollständigkeit*
- Fristen einhalten: Sofern die Behörde Ihnen eine Frist setzt, etwa für das Nachreichen von Unterlagen, sollten Sie diese möglichst einhalten. *Fristen*
- Vorgänge dokumentieren: Von eigenen Schreiben sollten Sie immer eine Kopie anfertigen. Nach Telefonaten sollte eine Gesprächsnotiz als Gedächtnisstütze gemacht werden. *Dokumentation*

Experten-Tipp

Ausgangspost kopieren

Unterschätzen Sie nicht die Wichtigkeit einer ordentlichen Dokumentation. Zum einen kann Ihnen beispielsweise die Anfertigung von Kopien eigener Schreiben die unangenehme Situation ersparen, dass Sie bei Rückfragen der Behörden nicht mehr genau wissen, was Sie selbst genau geschrieben haben. Wirklich wichtig kann es zum anderen dann werden, wenn die Behörde beispielsweise die Erteilung einer Genehmigung ablehnt und Sie gegen die Ablehnung vorgehen wollen. Auch das Anfertigen von Telefonnotizen als Erinnerungsstütze ist unbedingt zu empfehlen.

Gewerbliche Schutzrechte sichern

Bereits vor Aufnahme der Geschäftstätigkeit sollten eventuelle gewerbliche Schutzrechte gesichert werden, die mit der Tätigkeit der GbR zusammenhängen.

Gewerbliche Schutzrechte sind:

Patent

- Das Patent: Durch die Anmeldung eines Patents können technische Erfindungen geschützt werden, sofern sie neu sind, auf einer erfinderischen Leistung beruhen und gewerblich verwertbar sind. Die Erteilung eines Patents setzt voraus, dass im Rahmen einer Prüfung die Patentfähigkeit der angemeldeten Erfindung positiv bewertet wird.

Gebrauchsmuster

- Das Gebrauchsmuster: Das Gebrauchsmuster ist dem Patent ähnlich, jedoch ist es wesentlich einfacher und schneller zu erlangen, da es kein langwieriges Prüfungsverfahren gibt. Es hat allerdings den Nachteil, dass ein anderer die Löschung des eingetragenen Gebrauchsmusters verlangen kann, wenn er nachweisen kann, dass dieses in Wirklichkeit nicht neu ist oder nicht den Anforderungen an eine Erfindung entspricht. Der Inhaber verliert in einem solchen Fall sein Schutzrecht wieder.

Marke

- Die Marke: Mit der Eintragung einer Marke kann ein Unternehmen ein Kennzeichen oder Merkzeichen schützen lassen. Geschützt werden können dabei Wortmarken, Bildmarken, dreidimensionale Marken, Kennfadenmarken und Hörmarken.

Geschmacksmuster

- Das Geschmacksmuster: Das Geschmacksmuster bietet Urheberrechtsschutz für Design. Um schutzfähig zu sein, muss das Muster neu sein und eine Eigenart aufweisen. Ein Geschmacksmuster kann relativ schnell erlangt werden, da die Voraussetzungen vom Patent- und Markenamt nicht geprüft werden.

Weitere Informationen erteilen:

Deutsches Patent- und Markenamt
Zweibrückenstraße 12
80331 München
Tel.: 089/ 2195-0
Fax: 089/ 2195-2221
Internet: www.dpma.de

Technisches Informationszentrum Berlin
Gitschiner Straße 97
10969 Berlin
Tel.: 030/ 25992-0
Fax: 030/ 25992-404

Deutsches Patent- und Markenamt
- Dienststelle Jena -
Goethestraße 1
07743 Jena
Tel.: 03641/ 40-54
Fax: 03641/ 40-5690

Versicherungen nicht vergessen

Risiken absichern

Die Bedeutung einer ordentlichen Absicherung durch Versicherungen im Wirtschaftsleben sollten Sie nicht unterschätzen. In der Regel setzen Sie sich als Unternehmer durch Ihre wirtschaftliche Tätigkeit mehr und höheren Risiken aus, als dies im Privatleben der Fall ist. Diese können schnell existenzgefährdend werden. Deswegen ist es auch bei der Gründung einer GbR ratsam, sich über die einschlägigen Versicherungen zu informieren. Als Gründer sollten Sie sich dabei genau überlegen, welche Versicherung im Einzelfall nötig und sinnvoll ist. Selbstverständlich bietet auch der Abschluss von Versicherungsverträgen keinen hundertprozentigen Schutz. Zum einen sind manche Risiken gar nicht oder nur zu extrem hohen Prämien versicherbar, zum anderen schützt auch der Abschluss eines Versicherungsvertrags nicht davor, dass sich die Versicherung unter gewissen Umständen auf Leistungsfreiheit berufen kann und infolgedessen nicht zahlen muss. Dennoch: Durch den Abschluss geeigneter Versicherungen können Sie das Risiko einer existenziellen Gefährdung der GbR verringern. Für die Ausübung bestimmter Berufe sind die Berufsträger sogar verpflichtet, sich durch den Abschluss von Vermögensschaden-Haftpflichtversicherungen für Schäden im Rahmen und in Folge ihrer Berufsausübung zu versichern. Dies gilt beispielsweise für Rechtsanwälte, Steuerberater, Architekten und Makler.

Wichtige Versicherungen im Wirtschaftsleben sind beispielsweise:

- Betriebs-Haftpflicht-, bzw. Vermögensschaden-Haftpflichtversicherung
- Produkt-Haftpflichtversicherung
- Kfz-Haftpflichtversicherung
- Betriebsunterbrechungsversicherung
- Feuerversicherung
- Leitungswasserversicherung
- Sturmversicherung
- Einbruchdiebstahlversicherung

Regelmäßig prüfen

Sie sollten Ihren Versicherungsbestand später regelmäßig daraufhin überprüfen, ob er den tatsächlichen Risiken noch entspricht.

Wichtige Versicherungen für die Gründer- bzw. Unternehmerpersonen sind beispielsweise:

- Krankenversicherung
- Krankentagegeldversicherung
- Pflegeversicherung
- Berufsunfähigkeitsversicherung

Generell gilt: Mit dem Schritt in die Selbstständigkeit ist Eigenverantwortung verbunden. Dies wirkt sich auch auf den Bereich der sozialen Absicherung aus. Eine nähere Befassung mit dem Thema ist für Existenzgründer unbedingt zu empfehlen.

Wie sind Sie mit einer GbR erfolgreich tätig?

Was haben Sie als Gesellschafter zu beachten?

Die Gesellschafter haben nach § 705 BGB die grundsätzliche Pflicht, den gemeinsamen Zweck zu fördern und ihre entsprechenden Beiträge zu leisten. Darüber hinaus empfiehlt es sich für jeden Gesellschafter in seinem eigenen Interesse, insbesondere den Aspekt der Haftung für die Verbindlichkeiten im Auge zu behalten. Die Grundsätze bezüglich der Gesellschafterhaftung wurden bereits aufgezeigt. Sofern ein Gesellschafter auch Geschäftsführer ist, kann er direkt das geschäftliche Handeln und damit zumindest in gewisser Weise auch das geschäftliche Risiko für die GbR beeinflussen. Was ist aber mit jenen Gesellschaftern, die an der Geschäftsführung nicht beteiligt sind? Sie haben die Möglichkeit, durch Beschlussfassung im Rahmen von Gesellschafterversammlungen Einfluss auf die Geschicke der Gesellschaft zu nehmen. Die Gesellschafterversammlung ist daher für diese Gesellschafter ein wichtiges Instrument, um die Geschäftsführung und deren Handeln kontrollieren zu können.

Gesellschafterversammlung

Gesetzlich nicht vorgeschrieben

Die Abhaltung von Gesellschafterversammlungen ist gesetzlich für die GbR nicht vorgeschrieben. Dies ist verständlich, da nach der Vorstellung des Gesetzgebers die Geschäftsführung durch alle Gesellschafter ausgeübt wird. Eine besondere förmliche Versammlung ist in diesem Falle entbehrlich, da die Geschäfte dann ohnehin gemeinsam geführt werden müssen. Das Zusammenwirken der Gesellschafter und die dabei geführten Besprechungen entsprechen im Grunde einer Gesellschafterversammlung. Wenn jedoch, wie es oft der Fall ist, die Führung der Geschäfte auf einen oder mehrere bestimmte Gesellschafter übertragen wird, dann stellt sich die Frage nach der Mitbestimmung der übrigen Gesellschafter. Diese wird durch die Gesellschafterversammlung garantiert. Aus diesem Grunde ist eine solche im Gesellschaftsvertrag zumindest bei größeren Gesellschaften regelmäßig vorgesehen und wird dort mit umfangreichen Kompetenzen ausgestattet. Diese werden auf dem Beschlusswege ausgeübt. So kann die Gesellschafterversammlung etwa eine Änderung des Gesellschaftsvertrages beschließen, durch Beschluss die Befugnis zur Geschäftsführung oder zur Vertretung erteilen oder für die Zukunft entziehen oder auch den Ausschluss von Gesellschaftern beschließen. Dabei handelt es sich lediglich um eine beispielhafte Aufzählung.

Einberufung einer Gesellschafterversammlung

Eine förmliche Gesellschafterversammlung wird durch den oder die Geschäftsführer einberufen.

Experten-Tipp

Recht zur Einberufung vertraglich festlegen

Insbesondere diejenigen Gesellschafter, die nicht mit der Führung der Geschäfte betraut sind, sollten darauf achten, dass im Gesellschaftsvertrag die Abhaltung von Gesellschafterversammlungen ausdrücklich vorgesehen wird. Dabei sollte ein Gesellschafter, der nicht zur Geschäftsführung befugt ist, in seinem Interesse durchsetzen, dass das Recht zur Einberufung einer förmlichen Gesellschafterversammlung nicht allein dem geschäftsführenden Gesellschafter zusteht, sondern die Abhaltung einer solchen von allen Gesellschaftern verlangt werden kann. ◂

Anlass, Zweck und Tagesordnung

Um den Teilnehmern eine entsprechende Vorbereitung der Gesellschafterversammlung zu ermöglichen, sollten im Rahmen der Einberufung deren Anlass und der beabsichtigte Zweck sowie gegebenenfalls die Tagesordnung angegeben werden.

Ablauf und Formalitäten

Der Ablauf einer Gesellschafterversammlung unterliegt keinen besonderen Regeln, es sei denn, der Gesellschaftsvertrag legt solche fest. Um Sinn und Zweck einer solchen Versammlung gerecht zu werden, ist es aber immer ratsam, ein Protokoll zu erstellen. Dies wird Ihnen später den Nachweis bestimmter Beschlussfassungen erleichtern oder gar erst ermöglichen.

Protokoll sinnvoll

Da die Gesellschafterversammlung den nicht zur Geschäftsführung berechtigten Gesellschaftern die Möglichkeit zur Mitbestimmung und Kontrolle der geschäftsführenden Gesellschafter gibt, sollten Sie die Formalitäten der Gesellschafterversammlung insbesondere in folgenden Fällen ausdrücklich im Gesellschaftsvertrag regeln:

Formalitäten vertraglich regeln

- Die Gesellschaft hat eine größere Anzahl von Gesellschaftern.
- Die Gesellschafter bestreiten ihren Lebensunterhalt aus den Einnahmen der Gesellschaft.
- Die Gesellschafter haben (teilweise) unterschiedliche Interessen.

Je nach Bedarf der einzelnen Gesellschaft können Sie dabei beispielsweise folgende Punkte regeln:

- Häufigkeit: Wie oft im Jahr wird eine Gesellschafterversammlung abgehalten? *(Häufigkeit)*
- Zeitpunkt: Zu welchem Zeitpunkt ist die Gesellschafterversammlung abzuhalten? Beispielsweise immer am Quartalsende oder am Ende des Geschäftsjahres. *(Zeitpunkt)*
- Ort: Wo ist die Gesellschafterversammlung abzuhalten? Üblicherweise wird dies der Sitz der Gesellschaft sein. *(Ort)*
- Berechtigung zur Einberufung: Wer ist zur Einberufung einer Gesellschafterversammlung berechtigt? In der Regel wird dieses Recht dem geschäftsführenden Gesellschafter zugeschrieben. Es kann im Einzelfall jedoch empfehlenswert sein, auch den anderen Gesellschaftern das Recht zur Einberufung zuzugestehen, zumindest dann, wenn eine gewisse Anzahl von Gesellschaftern dies fordern (ggf. ist dann die Anzahl oder die prozentuale Quote im Gesellschaftsvertrag festzulegen). *(Berechtigung zur Einberufung)*
- Form der Einberufung: Wie hat die Einberufung zu erfolgen? Üblich ist die schriftliche Einberufung durch eingeschriebenen Brief. Selbstverständlich kommen jedoch auch andere Formen der Einberufung in *(Form der Einberufung)*

Betracht, beispielsweise per Fax oder per E-Mail. Die Art und Weise hängt sicherlich auch vom Verhältnis der Gesellschafter untereinander ab. So kann beispielsweise die Voraussetzung des eingeschriebenen Briefes bei einer kleineren, von Freunden geführten GbR seltsam und umständlich erscheinen. Um dem Einberufenden jedoch im Einzelfall den Nachweis einer korrekten Einberufung zu ermöglichen, ist dennoch die Einberufung per Einschreiben zu empfehlen.

- Frist zur Einberufung: Wie lange vor einer Gesellschafterversammlung muss zu einer solchen eingeladen werden?

Tagesordnung Frist für TOPs

- Ggf. Frist für Tagesordnungspunkte: Die einzelnen Gesellschafter sollten die Möglichkeit haben, von sich aus Tagesordnungspunkte vorzuschlagen. Um diese den anderen Gesellschaftern rechtzeitig vor Abhaltung der Gesellschafterversammlung bekannt machen zu können, kann geregelt werden, wie lange vorher die Vorschläge gemacht werden müssen.

In der Einladung zur Versammlung sollten folgende Punkte geregelt werden:

Grund der Gesellschafterversammlung

- Bekanntgabe der beabsichtigten Tagesordnung: Was werden die Themen der Gesellschafterversammlung sein? Die Gesellschafter sollten die Gelegenheit haben, sich vorab zu den anzusprechenden Tagesordnungspunkten Gedanken machen zu können, vor allem, sofern dazu die Fassung von Beschlüssen ansteht.
- Bekanntgabe des Grundes der Gesellschafterversammlung: Dies ist im Rahmen der Einberufung einer außerordentlichen Gesellschafterversammlung relevant.

Möglich ist es auch, bereits bei der Einladung den Protokollführer zu benennen. Es gibt keine gesetzliche Verpflichtung, über die Gesellschafterversammlung ein Protokoll zu erstellen. Dennoch ist dies insbesondere bei größeren Gesellschaften mit mehreren Gesellschaftern üblich und sinnvoll, da später eine objektive Rekonstruktion des Ablaufs, der geführten Besprechungen sowie der gefassten Beschlüsse ohne Protokoll oft nur schwer möglich ist. Der Protokollführer hat insofern eine wichtige Funktion. Sie können sogar schon im Gesellschaftsvertrag bestimmen, wer bei Gesellschafterversammlungen das Protokoll führen soll.

Wichtig: Alle Gesellschafter sind zur Teilnahme an der Versammlung berechtigt. Dies mag selbstverständlich klingen. In der Praxis kommt es jedoch nicht selten vor, dass ein unliebsamer Gesellschafter bei der Einberufung „vergessen“ oder ihm die Teilname direkt verwehrt wird. Es darf jedoch kein Gesellschafter von der Teilnahme an der Versammlung ausgeschlossen werden, denn das Recht zur Teilnahme leitet sich direkt aus der Mitgliedschaft ab und ist daher nicht entziehbar, solange die Mitgliedschaft besteht.

Gesellschafterbeschlüsse

Sofern der Gesellschaftervertrag keine besonderen Regelungen zur Geschäftsführung trifft, führen alle Gesellschafter die GbR gemeinsam. Es sind daher keine gesonderten Beschlüsse erforderlich. Sofern Sie jedoch die Geschäftsführung im Gesellschaftsvertrag abweichend regeln, wird die Abhaltung von Gesellschafterversammlungen relevant. Das dortige Mittel zur Entscheidung ist der Beschluss.

Beschlussfassung regeln

Die Formalitäten der Beschlussfassung können Sie wiederum im Gesellschaftsvertrag regeln. Dies empfiehlt sich auch, um entsprechende Klarheit zu haben. Geregelt werden sollten folgende Punkte:

- Stimmenanzahl: Sollen Beschlüsse nur einstimmig gefasst werden können, oder reicht die Mehrheit der abgegebenen Stimmen? *(Stimmenanzahl)*
- Bei Mehrheitsprinzip: Genügt einfache Mehrheit oder ist eine bestimmte Mehrheit nötig? *(Mehrheiten)*
- Stimmabgabe: Ist diese nur persönlich durch den jeweiligen Gesellschafter möglich oder kann er sich auch vertreten lassen? *(Stimmabgabe)*
- Anfechtungsfrist: Innerhalb welcher Frist muss ein Gesellschafter einen Beschluss anfechten, wenn er ihn für fehlerhaft und damit für unwirksam hält? *(Anfechtungsfrist)*

Nichtiger Beschluss

Unter gewissen Umständen kann ein von den Gesellschaftern gefasster Beschluss nichtig sein. Möglich ist dies etwa bei

- nicht ordnungsgemäß durchgeführter Abstimmung,
- Verstoß gegen ein gesetzliches Verbot,
- Verstoß gegen die guten Sitten.

Gerichtliche Feststellung

Die eventuelle Nichtigkeit eines Beschlusses kann dann relevant werden, wenn sich ein Gesellschafter darauf beruft. Dies kann etwa der Fall sein, wenn ein Gesellschafter in der Versammlung überstimmt worden ist und nun versucht, den Beschluss auf diese Weise wieder zu „kippen". Möchte sich ein Gesellschafter auf Nichtigkeit des Beschlusses berufen, so kann er die Nichtigkeit gerichtlich feststellen lassen. Er muss dafür eine Feststellungsklage erheben und dabei alle konkreten Umstände im Einzelnen darlegen, aus denen sich die Nichtigkeit ergeben soll. Sofern die übrigen Gesellschafter jedoch beweisen können, dass diese Umstände nicht vorgelegen haben, wird die Feststellungsklage keinen Erfolg haben.

Verwirkung

Keine gesetzliche Regelung

Eine gesetzliche Frist für die gerichtliche Geltendmachung der Nichtigkeit existiert nicht. Jedoch unterliegt die Möglichkeit der Feststellung der Verwirkung. Diese ist gesetzlich nicht geregelt, wird von Juristen aber beispielsweise wie folgt definiert: „Ein Recht ist verwirkt, wenn der Berechtigte es längere Zeit hindurch nicht geltend gemacht hat und der Verpflichtete sich darauf eingerichtet hat und sich nach dem gesamten Verhalten des Berechtigten auch darauf einrichten durfte, dass dieser das Recht auch in Zukunft nicht geltend machen werde (Heinrichs in Palandt, Bürgerliches Gesetzbuch, § 242 Rn. 87). Wann genau dies der Fall ist, ist nirgends bestimmt und wird im Einzelfall vom Gericht zu entscheiden sein. Sofern ein Gesellschafter die Nichtigkeit eines Gesellschafterbeschlusses gerichtlich feststellen lassen will, sollte er jedenfalls nicht allzu lange damit warten.

Ausschluss eines Gesellschafters von der Beschlussfassung

Das Stimmrecht des Gesellschafters leitet sich unmittelbar aus seiner Mitgliedschaft in der Gesellschaft ab. Es ist daher grundsätzlich nicht entziehbar. Allerdings kann es Konstellationen geben, bei denen ein Gesellschafter aufgrund von Interessenkollision nicht mit abstimmen kann. Dies kann etwa der Fall sein bei:

- Abstimmung über Entziehung der Geschäftsführung,
- Abstimmung über Entziehung der Vertretungsbefugnis oder
- Abstimmung über Ausschließung eines Gesellschafters.

In diesen Fällen kann der jeweils Betroffene nicht mitstimmen.

Wie verhält es sich mit der Gewinnverteilung und den Entnahmen?

Der für die Gesellschafter wichtigste Punkt im Rahmen einer GbR ist in der Regel die Frage der Gewinnverteilung. Soweit im Gesellschaftsvertrag nicht anders geregelt, hat jeder Gesellschafter ohne Rücksicht auf die Art und Größe seines Beitrags einen gleichen Anteil am Gewinn, § 722 BGB. Dass dies nicht interessengerecht ist, wenn die Gesellschafter Einlagen in unterschiedlicher Höhe, auch beispielsweise in Form von zeitlich unterschiedlicher Arbeitstätigkeit erbringen, liegt auf der Hand. Als Gesellschafter können Sie insofern im Gesellschaftsvertrag abweichende Regelungen vereinbaren.
Die Gewinnverteilung erfolgt in der Regel entweder nach:

- Gleichen Anteilen: Dies ist die Vorstellung des Gesetzgebers. Sind die Anteile der Gesellschafter am Gewinn und Verlust nicht bestimmt, so hat jeder Gesellschafter ohne Rücksicht auf die Art und die Größe seines Beitrags einen gleichen Anteil am Gewinn, § 722 BGB. Diese Regelung ist nur aber in der Regel nur interessengerecht, wenn die Anteile und Beiträge der Gesellschafter tatsächlich in etwa gleich zu bewerten sind. Anderenfalls sollten Sie zur Vermeidung von Streitigkeiten unter den Gesellschaftern von vorneherein eine andere Art der Verteilung vereinbaren. Gleiche Anteile
- oder nach Quoten: Eine Verteilung nach Quoten ist in der Regel dann interessengerecht, wenn die Gesellschafter unterschiedliche Beiträge leisten oder wenn bei gleichen oder gleichartigen Beiträgen der Quoten

Gesellschafter der Beitrag eines Gesellschafters intern als höherwertig angesehen wird.

Freie Regelung

Dies sind jedoch nicht die einzigen Möglichkeiten der Gewinnverteilung. Grundsätzlich können die Gesellschafter im Gesellschaftsvertrag die Verteilung frei regeln. Bei der Festlegung der Gewinnausschüttung können unter anderem noch die folgenden Punkte eine Rolle spielen:

- Das Ausmaß, in dem die einzelnen Gesellschafter zur Erwirtschaftung der Einnahmen beitragen. So kann beispielsweise beim Zusammenschluss zweier Zahnärzte zu einer Gemeinschaftspraxis berücksichtigt werden, dass die einzelnen Gesellschafter einen unterschiedlich hohen Patientenbestand einbringen.
- Bei späterem Eintritt eines Gesellschafters kann die Aufbauleistung der anderen Gesellschafter entsprechend honoriert werden und dies die dem eintretenden Gesellschafter zustehende Ausschüttung schmälern.
- Soll die Ausschüttungsquote eines Gesellschafters im Laufe der Zeit ansteigen? Oftmals wird einem jüngeren Gesellschafter eine steigende Quote in Aussicht gestellt.
- Sind die Leistungen der Gesellschafter vergleichbar? Wenn nein, wie sollen die unterschiedlichen Leistungen bei der Gewinnverteilung berücksichtigt und gewertet werden?

Ausschüttung des Gewinns

Die Modalitäten der Gewinnausschüttung werden regelmäßig im Gesellschaftsvertrag festgelegt. Ist dies nicht der Fall, so bestimmt das Gesetz, dass die Gewinnverteilung nach Auflösung der Gesellschaft oder, wenn die Gesellschaft von längerer Dauer ist, am Schluss des Geschäftsjahres erfolgt, § 721 I, II BGB.

Experten-Tipp

Ausschüttung und Entnahmen regeln

„Beim Geld hört die Freundschaft auf" lautet ein altes Sprichwort. Auch wenn dies so vielleicht nicht stimmen mag, handelt es sich beim Thema Geld in der Regel doch um ein äußerst sensibles Thema. Um Streitigkeiten zwischen den Gesellschaftern diesbezüglich von vorneherein zu vermeiden, empfiehlt sich eine ausdrückliche Regelung der Entnahmemodalitäten im Vertrag. Eine solche sollten Sie dann allerdings auch so gestalten, dass der Gesellschaft nach der Gewinnausschüttung an die Gesellschafter noch genügend Liquidität zur Teilnahme am geschäftlichen Verkehr verbleibt. ◂

Monatliche Entnahmen

Vorabentnahmen

Sofern Sie als Gesellschafter mit den erwirtschafteten Gewinnen der GbR ihren Lebensunterhalt bestreiten wollen, sind Sie auf Vorabentnahmen angewiesen. Es wird in diesen Fällen meist eine monatliche Entnahme vereinbart. Bei dieser Entnahme handelt es sich eigentlich nur um einen Vorschuss auf den zu erwartenden Gewinn der Gesellschaft. Letzterer wird bei Gesellschaften von längerer Dauer durch einen Rechnungsabschluss am Ende des Geschäftsjahres ermittelt, § 721 II BGB. Auch die Vergütung des geschäftsführenden Gesellschafters stellt in der Regel mangels Dienst- oder Arbeitsvertrags lediglich eine vorweggenommene Ausschüttung auf den Gewinn der Gesellschaft dar.

Verlust

Verlust nach gleichen Anteilen

Was ist, wenn der Rechnungsabschluss ergibt, dass die Gesellschaft Verluste gemacht hat? Sofern im Gesellschaftsvertrag nicht abweichend geregelt, bestimmt sich der Anteil am Verlust nach gleichen Anteilen, § 722 I BGB. Auch diesbezüglich können Sie jedoch vertraglich etwas anderes vereinbaren. Sofern im Gesellschaftsvertrag nur der Anteil am Gewinn bestimmt ist, so gilt dieser im Zweifel auch für den Verlust, § 722 II BGB.

Keine Nachschusspflicht

Nach den gesetzlichen Vorschriften sind die Gesellschafter jedoch während der Dauer der Gesellschaft nicht zur Leistung eines Nachschusses verpflichtet, auch wenn die Gesellschaft Verlust macht. Eine solche Verpflichtung besteht erst bei Auflösung der Gesellschaft. Sie dürfen allerdings nicht übersehen, dass nach der seit 1999 geltenden Insolvenzordnung (InsO) auch über das Vermögen einer GbR das Insolvenzverfahren eröffnet werden kann und dementsprechende Verantwortlichkeiten insbesondere der geschäftsführenden Gesellschafter bestehen. Eine Nachschusspflicht der Gesellschafter wird häufig auch im Gesellschaftsvertrag vereinbart.

Sind Sie mit Ihrer GbR zur Buchführung verpflichtet?

Keine Buchhaltungspflicht

Unter Buchführung versteht man allgemein die Aufzeichnung aller Geschäftsvorfälle. Das Handelsgesetzbuch bestimmt, dass der Kaufmann zur Buchführung verpflichtet ist und sieht dafür eine bestimmte Form vor. Diese handelsrechtliche Buchführungspflicht gilt für die GbR in der Regel nicht. Aus Gründen der ordnungsgemäßen und nachvollziehbaren steuerlichen Erfassung hat sie jedoch vollständige Aufzeichnungen über den Ein- und Ausgang von Waren oder die sonstigen Geschäfte sowie über die Rechnungslegung zu führen. Diese Aufzeichnungen müssen ordentlich geführt werden und eine Beurteilung der Vermögenslage der GbR zulassen. Im Falle hoher Umsätze und Gewinne kann sich darüber hinaus doch eine Buchführungspflicht für die gewerblich tätige GbR ergeben. Die entsprechenden Steuervorschriften setzen die Grenze bei einem Umsatz von mehr als 350.000 Euro oder Gewinn von mehr als 30.000 Euro im Kalenderjahr. Dann ist allerdings zu prüfen, ob die GbR nicht bereits zur oHG geworden ist. Dies muss nicht zwangsläufig der Fall sein, vor allem dann nicht, wenn die Geschäftstätigkeit einfach strukturiert ist und die Einrichtung eines kaufmännisch eingerichteten Gewerbebetriebes nicht erfordert. Im Zweifelsfall ist es empfehlenswert, einen Steuerberater zurate zu ziehen.

Aufzeichnung aber sinnvoll

Auch wenn keine Pflicht zur Buchführung besteht, sind genaue Aufzeichnungen über die Geschäftsvorfälle auf jeden Fall sinnvoll und erforderlich, um den Rechnungsabschluss fertigen zu können, den das Gesetz für den Abschluss jeden Geschäftsjahres vorschreibt. Wie bereits ausgeführt, dient dieser hauptsächlich der Berechnung des erwirtschafteten Gewinns oder Verlusts. Wenn in Ihrem Gesellschaftsvertrag nichts anderes bestimmt ist, ist sowohl die Führung der Aufzeichnungen als auch die Erstellung des Rechnungsabschlusses Sache des geschäftsführenden Gesellschafters.

Die GbR und das Thema Steuern

Im Rahmen dieses Erste-Hilfe-Ratgebers ist eine umfassende Darstellung aller im Zusammenhang mit der GbR auftretenden steuerlichen Fragen nicht möglich. Diese hängen jeweils nicht unerheblich von der Gestaltung und den Umständen der GbR im Einzelfall ab. Dennoch soll Ihnen im Folgenden ein kurzer Überblick über die steuerliche Behandlung der GbR gegeben werden.

Von den verschiedenen Steuerarten sind im Rahmen der GbR die Umsatzsteuer, die Einkommenssteuer sowie ggf. die Gewerbesteuer von Bedeutung. Sofern Ihre Gesellschaft Grundstücke erwirbt oder veräußert, unterliegen diese Verfügungen daneben noch der Grunderwerbssteuer.

Umsatzsteuer

Der Umsatzsteuer unterliegen Lieferungen und sonstige Leistungen eines Unternehmers, die dieser im Inland im Rahmen seines Unternehmens erbringt. Ihre GbR unterliegt also dann der Umsatzbesteuerung, wenn sie Unternehmerin im Sinne des Gesetzes ist. Dies ist jedenfalls immer dann der Fall, wenn die GbR gewerblich tätig ist. Aber auch Freiberufler, die sich zu einer GbR zusammengeschlossen haben, gelten als Unternehmer. Insofern ist auch eine solche GbR umsatzsteuerpflichtig.

Mehrwertsteuer und Umsatzsteuer

Die Umsatzsteuer wird auch als Mehrwertsteuer bezeichnet. Als solche handelt es sich um eine Verbrauchssteuer, die den End- oder Letztverbraucher von Gütern oder Dienstleistungen treffen soll. Für die GbR heißt dies, dass sie auf den Preis, den sie für ihre Güter oder Dienstleistungen berechnet, den entsprechenden Umsatzsteuersatz aufschlagen muss. Der normale Steuersatz beträgt derzeit 16 Prozent. Daneben gibt es einen ermäßigten Steuersatz von 7 Prozent für bestimmte Güter, beispielsweise für Bücher oder Blumen. Die GbR muss die von ihr vereinnahmte Umsatzsteuer an das Finanzamt abführen. Zu diesem Zweck müssen Sie eine entsprechende Umsatzsteuervoranmeldung ausfüllen, üblicherweise vierteljährlich. Bei neu gegründeten Unternehmen müssen Sie die Voranmeldung anfangs jedoch monatlich abgeben.

Vorsteuerabzug

Vorsteuerabzug

Da die Umsatzsteuer jedoch eigentlich auf den Endverbraucher abzielt, hat der umsatzsteuerpflichtige Unternehmer die Möglichkeit, die Umsatzsteuer, die ihm von einem anderen Unternehmer in Rechnung gestellt wird, die so genannte Vorsteuer, von dem Betrag abzuziehen, den er selbst aufgrund eigener Umsatzsteuereinnahmen an das Finanzamt abzuführen hat. Durch diesen Vorsteuerabzug wird sichergestellt, dass der Unternehmer nicht selbst mit der Umsatzsteuer belastet wird. Dies gilt auch für die GbR, soweit sie wirtschaftlich nach außen tätig ist und deshalb Unternehmereigenschaft hat.

Experten-Tipp

Belege sammeln

Gerade am Anfang der Geschäftstätigkeit übersteigen die Ausgaben für Investitionen oftmals noch die Einnahmen aus der wirtschaftlichen Tätigkeit. In diesem Fall wird die vom Unternehmer gezahlte Vorsteuer vom Finanzamt erstattet. Es ist insofern insbesondere in dieser Phase der wirtschaftlichen Tätigkeit unbedingt und noch mehr als sonst zu empfehlen, jeden Beleg für eine erstattungsfähige Ausgabe zu sammeln und dazu von Anfang an eine geordnete Aufzeichnung zu führen. Jeder Beleg ist bares Geld wert.

Einkommensteuer

Einkommen- und Körperschaftssteuer

Im Rahmen der Einkommensteuer ist nicht die GbR, sondern der einzelne Gesellschafter Steuersubjekt. Allerdings nur, sofern es sich dabei um eine natürliche Person handelt. Für den Fall, dass der Gesellschafter eine juristische Person ist, unterliegt diese nämlich der Körperschaftssteuer. Die Höhe der zu entrichtenden Steuerzahlung wird dadurch ermittelt, dass das Finanzamt das erzielte Jahresergebnis der GbR feststellt und anschließend jedem Gesellschafter bei dessen Einkommensteuerfestsetzung den auf ihn entfallenden Anteil am Ergebnis zurechnet.

Gewerbesteuer

Nur bei gewerblicher Tätigkeit

Wenn die GbR eine gewerbliche Tätigkeit ausübt, ist sie auch gewerbesteuerpflichtig. Abweichend von der Regelung über die Einkommensteuer ist die GbR bezüglich der Gewerbesteuer selbst Steuersubjekt, also steuerpflichtig. Sofern sich Angehörige der freien Berufe, etwa Rechtsanwälte oder Steuerberater, zur gemeinsamen beruflichen Betätigung in einer GbR zusammengeschlossen haben, üben diese kein Gewerbe aus. Eine solche GbR ist daher auch nicht gewerbesteuerpflichtig.

Experten-Tipp

Höhe der Gewerbesteuer in die Standortwahl mit einfließen lassen

Die Gewerbesteuer wird von den Gemeinden erhoben. Diese haben die Möglichkeit, auf die Höhe der Gewerbesteuer durch die Festlegung des so genannten Hebesatzes Einfluss zu nehmen. Zum Zwecke der Wirtschaftsförderung setzen Gemeinden in strukturschwachen Regionen den Hebesatz oftmals sehr niedrig an. Es kann sich steuerlich daher durchaus lohnen, dass Sie dies bereits bei der Standortwahl für die gewerblich tätige GbR berücksichtigen. ◂

Grunderwerbsteuer

Sofern Ihre GbR ein Grundstück kauft oder verkauft, unterliegt diese Transaktion im Rahmen des Grunderwerbsteuergesetzes der Grunderwerbsteuer. Steuerschuldner sind bei einem Erwerbsvorgang beide als Vertragsteile beteiligten Personen. In der Regel wird die anfallende Steuer jedoch vom Erwerber bezahlt. Dies kann vertraglich so vereinbart werden.
Wichtig: Im Alltag spricht man davon, ein Haus zu kaufen. Rechtlich kauft man jedoch ein Grundstück, auf dem sich ein Haus befindet. Beim Kauf von Immobilien fällt daher regelmäßig Grunderwerbsteuer an.

Experten-Tipp

Möglichkeit der Überlassung in Betracht ziehen

Soll ein Grundstück von einem Gesellschafter in die Gesellschaft eingebracht werden, hat dies den Anfall von Grunderwerbssteuer zur Folge. Es ist daher überlegenswert, ob das Grundstück der Gesellschaft nicht durch einen Überlassungsvertrag lediglich zur Verfügung gestellt werden kann. Der überlassende Gesellschafter bleibt Eigentümer und es fällt dem Grundsatz nach keine Grunderwerbssteuer an.

Unternehmerisches Handeln

Eine wirtschaftliche Tätigkeit setzt unternehmerisches Handeln voraus. Dies gilt auch für eine wirtschaftlich tätige GbR. Was ist darunter zu verstehen? Zuerst und vor allem: zielorientiertes Handeln in allen unternehmerischen Belangen. Über die Zielsetzung sollte zu jeder Zeit unbedingte Klarheit herrschen.

Checklisten als Leitfaden

Als Gründer der GbR sollten Sie zunächst herausfinden, was Sie wollen und warum Sie dies wollen. Sie sollten dann das Ergebnis dieser Überlegungen als gemeinsames Ziel formulieren. Um die einzelnen Ziele herauszufinden und dann auch formulieren zu können, ist es erforderlich, dass die Gründer zu sich selbst und zu ihren Mitgründern ehrlich sind.

Der Gebrauch von Checklisten kann hilfreich sein. Im Folgenden werden Ihnen beispielhaft einige Checklisten vorgeschlagen. Da sowohl die Motive für die Gründung einer GbR als auch die angestrebten Ziele äußerst unterschiedlicher Natur sein können, sind diese Checklisten nur als Anregung für die Beschäftigung mit der Sache und ggf. der Erstellung eigener Checklisten gedacht.

Checkliste I: Eignen wir uns zum Unternehmer?

Frage:	ja	nein
Sind wir belastbar?		
Sind wir bereit, Verantwortung zu tragen?		
Sind wir bereit, ein Ziel auch gegen Widerstand zu verfolgen?		
Sind wir bereit, für die Umsetzung unserer Ziele Risiken einzugehen?		
Haben wir die nötigen Kenntnisse? – fachliche Kenntnisse – wirtschaftliche/kaufmännische Kenntnisse – rechtliche und steuerliche Grundkenntnisse		
Sind wir bereit, uns bei mangelnden Kenntnissen beraten zu lassen?		
Bringen wir die erforderlichen Qualifikationen mit?		
Haben wir die Unterstützung unserer Familien und Lebenspartner?		
Sind wir bereit, nötigenfalls auf Freizeit zu verzichten?		
Sind wir bereit, uns nötigenfalls vorübergehend finanziell einzuschränken?		
Sind wir in der Lage mit dem Existenzdruck als Unternehmer und Selbstständige zurechtzukommen?		

Checkliste II: Entscheidung zur Zusammenarbeit

Frage:	ja	nein
Wollen wir jeweils mit anderen Menschen eng zusammenarbeiten?		
Sind wir teamfähig?		
Sind wir notfalls zu Kompromissen bereit?		
Verstehen wir uns?		
Vertrauen wir uns?		
Ergänzen wir uns in fachlicher Hinsicht?		
Haben wir in etwa die gleichen Vorstellungen?		
Können wir (jeweils) einbringen: – Kenntnissen und Fähigkeiten? – Kapital und Sachen? – Rechte? – Kontakte?		

Checkliste III: Rechtsform wählen

Frage:	ja	nein
Eignet sich die GbR als Rechtsform für unser Vorhaben? - in Bezug auf unser Produkt/unsere Dienstleistung? - in Bezug auf die Branche? - in Bezug auf die Kapitalbeschaffung? - in steuerlicher Hinsicht?		
Können wir mit dem Haftungsrisiko der GbR leben?		
Kommt die GbR von den rechtlichen Voraussetzungen her für unser Vorhaben überhaupt in Betracht?		
Ist bereits jetzt absehbar, dass unser Vorhaben nach einiger Zeit eine andere Rechtsform erfordert?		
Sofern dies der Fall ist: Ist es eventuell sinnvoll, bereits jetzt eine andere Rechtsform zu wählen?		
Sofern die GbR für unser Vorhaben in Betracht kommt: Tragen alle Gesellschafter die Entscheidung mit?		

Checkliste IV: Unsere Geschäftsidee

Frage:	ja	nein
Haben wir eine konkrete Geschäftsidee?		
Gibt es für unser Angebot ein Bedürfnis?		
Gibt es bereits ein ähnliches Produkt, eine ähnliche Dienstleistung?		
Gibt es für unser Angebot einen Markt?		
Können wir realistischer Weise Zugang zu diesem Markt bekommen?		
Gibt es eine konkrete Zielgruppe?		
Verstehen wir die Zielgruppe und ihre Eigenarten?		
Setzt die Umsetzung unserer Geschäftsidee etwas voraus, was wir momentan nicht zur Verfügung haben? – Kapital – Kenntnisse – Erfahrung – Berufliche Qualifikationen – Kontakte		
Können wir uns ggf. das fehlende Element beschaffen?		
Wenn nicht, können wir den Mangel durch andere Elemente, die uns zur Verfügung stehen ausgleichen?		
Wenn nicht, sind wir bereit unsere Geschäftsidee entsprechend zu ändern?		
Lässt sich mit der Geschäftsidee Geld verdienen?		
Beabsichtigen wir, von dem erwirtschafteten Geld zu leben?		
Reicht das Geld voraussichtlich aus, um unseren Lebensunterhalt zu finanzieren?		

Checkliste V: Finanzierung und Fördermittel

Frage:	ja	Nein
Haben wir selbst die finanziellen Mittel, um unsere Geschäftsidee umzusetzen?		
Haben wir uns über Förderprogramme informiert? – der Europäischen Union – des Bundes – der Länder – auf kommunaler Ebene		
Erfüllen wir die Voraussetzungen, um an Fördermittel zu kommen?		
Sind wir auf Fremdfinanzierung angewiesen? – Privatdarlehen – Bankkredit – Venture Capital		
Haben wir die Möglichkeit, eine Fremdfinanzierung zu erhalten?		
Sind wir bereit und in der Lage dafür eine Präsentation abzuhalten? – Kennen wir unsere Zahlen? – Kennen wir den nötigen Fachjargon? – Haben wir die erforderlichen rhetorischen Fähigkeiten? – Verfügen wir über die erforderliche Technik (Powerpoint, Laptop, etc.)?		
Sind wir bereit, die mit einer Fremdfinanzierung möglicherweise einhergehende Mitsprache des Kreditgebers zu akzeptieren?		
Haben wir uns über Zinssätze für Finanzierung erkundigt und ggf. mit dem Kreditgeber verhandelt?		
Sehen wir eine realistische Chance den Kapitaldienst schultern zu können?		

Checkliste VI: Wahl des Standorts

Frage:	ja	nein
Haben wir uns bereits über die Wahl eines Standorts Gedanken gemacht?		
Stehen für unser Vorhaben die Attraktivität und das Image des Standortes im Vordergrund?		
Stehen für unser Vorhaben die Erreichbarkeit und Anbindung im Vordergrund?		
Können wir die am Standort üblichen Preise (Miete, Pacht) bezahlen?		
Gibt es alternative Standorte, die ähnlich attraktiv oder gut erreichbar, aber preisgünstiger sind?		
Haben wir die Höhe der Gewerbesteuer in unsere Standortwahl mit einbezogen?		
Haben wir uns nach Standorten erkundigt, die öffentlich gefördert werden?		
Sofern wir einen bestimmten Standort im Auge haben: Gibt es dort geeignete Räumlichkeiten?		
Ist die Umgebung (Nachbarsituation) geeignet?		
Gibt es dort bereits viele Konkurrenzunternehmen, die sich im gleichen Geschäftsfeld betätigen?		
Sofern wir auf Laufkundschaft angewiesen sind: Ist Laufkundschaft zu erwarten oder liegen die Räumlichkeiten in einer schwach frequentierten Gegend?		
Ist die Ausübung unserer Tätigkeit in den Räumlichkeiten und am Standort erlaubt im Hinblick auf öffentlich-rechtliche Bestimmungen (z. B. Bundesimmissionsschutzgesetz, einschließlich TA-Lärm, TA-Luft)?		
Sofern wir bereits bestimmte Räumlichkeiten im Auge haben: Erlaubt der Mietvertrag die geplante Tätigkeit?		
Sind die Räumlichkeiten geeignet in Bezug auf Größe, Ausstattung, Umbaumöglichkeiten, Erweiterungsmöglichkeiten, Parkmöglichkeiten, ggf. Be- und Entladung von Lieferfahrzeugen?		

Checkliste VII: Anmeldungen und Genehmigungen

Frage:	ja	nein
Haben wir uns informiert, wo wir uns anmelden müssen? – beim Gewerbeamt und beim Finanzamt? – bei der Berufsgenossenschaft? – bei der Agentur für Arbeit (bei Beschäftigung von Arbeitnehmern)? – bei der zuständigen Kammer, Innung?		
Brauchen wir Genehmigungen für unsere Tätigkeit?		
Besondere berufs- und tätigkeitsspezifische Erfordernisse? – des Gewerbeaufsichtsamts? – des Bauamts? – des Umweltamts? – des Gesundheitsamts?		

Checkliste VIII: Versicherungen

Frage:	ja	nein
Wissen wir, welche Versicherungen wir benötigen?		
– Betriebshaftpflichtversicherung?		
– Betriebsunterbrechungsversicherung?		
– Feuerversicherung?		
– Leitungswasserversicherung?		
– Elektro-/Elektronikversicherung?		
– Sturmschadenversicherung?		
– Einbruchsversicherung?		
– Produkthaftpflichtversicherung?		
– Kraftfahrzeughaftpflichtversicherung für Geschäftsfahrzeuge?		
– Warenkreditversicherung?		
– Unfallversicherung?		
– Berufsunfähigkeitsversicherung?		

Checkliste IX: Kostenüberblick

Frage:	ja	nein
Wissen wir, welche Kosten für die Gründung und die Anfangsinvestitionen anfallen? – für Beratung (Steuerberater, Rechtsanwalt)? – ggf. für Notar? – Mietsicherheit (Kaution) für Betriebs-/Büroräume? – Türschilder? – Technik (Computer, Drucker, Kopierer, Telefonanlage, Faxgerät)? – Anfallende Anmeldungskosten? – Büromöbel (Schreibtische, Stühle, Regale, etc.) – Bekanntmachung der Gründung (z. B.: Zeitungsanzeigen, Handzettel, Radiowerbespot)		
Wissen wir, welche laufenden Kosten auf uns zukommen werden? – Miete mit Nebenkosten – Strom, Gas, Wasser, Abfall, Heizung (falls nicht in Nebenkosten enthalten)? – Kammerbeiträge? – Versicherungsbeiträge? – Bank- und Kontogebühren? – Darlehensrückzahlung? – KFZ-Kosten (Benzin, Steuern, Versicherung, Finanzierung/Leasing) – Lebenshaltungskosten?		

Checkliste

Checkliste X: Marketing, Vertrieb, Kundenzufriedenheit

Frage:	ja	nein
Kennen wir unsere Zielgruppe?		
Kennen wir die Bedürfnisse unserer Zielgruppe?		
Entspricht unser Produkt/unser Angebot/unsere Dienstleistung diesen Bedürfnissen?		
Kennen wir unsere Konkurrenz?		
Haben wir eine realistische Chance gegen die Konkurrenz zu bestehen?		
Können wir unseren Marktanteil erhöhen? – durch Werbung? – durch Preisgestaltung? – durch spezielle Produktmerkmale? – durch speziellen Service?		
Sind die Vertriebswege gut organisiert?		
Bieten wir einen speziellen Nutzen für unsere Kunden?		
Erhalten wir dazu eine positive Resonanz?		

Checkliste XI: Wirtschaftliche Kenntnisse

Frage	ja	nein
Haben wir wirtschaftliche Grundkenntnisse?		
Falls nicht: Sind wir bereit, uns diese anzueignen?		
Wissen wir, wie und wo wir uns diese am besten aneignen?		
Kennen wir uns mit Finanzen aus?		
Wissen wir, wie man ordentliche Rechnungen stellt?		
Können wir Kosten und Preise richtig kalkulieren?		
Kennen wir die wirtschaftlichen Gepflogenheiten und Besonderheiten unserer Branche?		
Haben wir die Möglichkeit, einen „Business Angel" oder einen Menschen mit Erfahrung zu konsultieren?		
Sind wir ggf. bereit, von diesem Menschen zu lernen und sein Wissen anzunehmen?		
Nehmen wir uns hin und wieder Zeit, unsere Kenntnisse zu vertiefen?		

Checkliste XII: Umgang mit Liquiditätsengpässen

Frage:	ja	nein
Sind wir mit der Auftragslage zufrieden?		
Kommen Kunden wieder?		
Gewinnen wir neue Kunden?		
Stagniert der Umsatz?		
Geht er gar zurück?		
Reichen die Einnahmen aus, um die Kosten zu decken?		
Werden wir in Liquiditätsschwierigkeiten kommen, wenn sich die Einnahmen nicht positiv entwickeln?		
Zeichnet sich dies bereits ab?		
Ist unsere Unternehmung bereits akut in der Existenz bedroht?		
Haben wir Möglichkeiten, die Situation kurzfristig zu verbessern? Etwa durch - Kosteneinsparungen, - Verhandlungen mit Lieferanten über Preisnachlässe, - kurzfristige offensive Marketing- und Werbekampagnen, - aktives Forderungsmanagement/Eintreibung offener Rechnungen?		
Bekommen wir noch Kredit von der Bank?		
Können wir noch privat Geld nachschießen?		
Hat sich unsere Geschäftsidee alles in allem als unrentabel oder unrealistisch herausgestellt?		
Haben wir einen Plan für den Fall, dass tatsächlich Zahlungsunfähigkeit eintritt (ggf. Insolvenzanmeldung)?		

Die GbR in der Krise

Experten-Tipp

Vergleichsmöglichkeiten abklären lassen

Für den Fall, dass die Zahlungsunfähigkeit oder Überschuldung absehbar oder unvermeidbar erscheint, sollten Sie sich unbedingt mit Ihrem Steuerberater und/oder Ihrem Rechtsanwalt beraten. Zum einen werden diese Sie auf die entsprechenden Verantwortlichkeiten hinweisen und Sie damit ggf. vor strafbaren Handlungen, wie etwa der Insolvenzverschleppung, bewahren. Zum anderen gelingt es den Beratern nicht selten, einen Vergleich mit den Gläubigern zu erreichen, indem diese pauschal auf einen bestimmten Prozentsatz ihrer Forderung verzichten.

Das Wichtigste ist, die Augen nicht vor der Wirklichkeit zu verschließen. Sie sollten vielmehr unbedingt versuchen, durch aktives Tätigwerden eine Lösung zu finden. Sofern erkannten Schwierigkeiten rechtzeitig gegengesteuert wird, besteht meist eine Chance zur Lösung. In der Regel tritt die Krise nicht plötzlich von einem Tag auf den anderen auf. Achten Sie deshalb auf Warnzeichen und nehmen Sie diese ernst, um nötigenfalls gegensteuern zu können.

Warnzeichen

Warnzeichen können völlig unterschiedlicher Natur sein, ebenso wie die Krise völlig unterschiedliche Ursachen haben kann. Kauft ein wichtiger Stammkunde plötzlich nicht mehr regelmäßig? Gehen Sie nicht darüber hinweg, sondern fragen Sie ihn, ob er mit Ihrem Produkt oder Ihrer Leistung nicht mehr zufrieden ist. Macht ein paar Häuser weiter ein Wettbewerber mit dem gleichen Angebot einen Laden auf? Überlegen Sie sich, was Sie Besonderes anbieten können, um Ihre Kunden zu halten. Haben Ihre Kunden eine schlechte Zahlungsmoral? Bleiben Sie nicht untätig, sondern mahnen Sie freundlich, aber bestimmt Zahlung an. Sie haben Schwierigkeiten, die Forderungen Ihrer Lieferanten zu begleichen? Sprechen Sie ein offenes Wort, auch wenn Sie Gefahr laufen, von einigen Lieferanten nicht mehr beliefert zu werden. Es ist besser, einen Lieferanten zu verlieren als die wirtschaftliche Existenz. Darüber hinaus haben Lieferanten in der Regel kein Interesse daran, dass ihre Forderungen im Rahmen eines Insolvenzverfahrens in die Insolvenzmasse einfließen. Sie sind daher zur Abwendung einer Insolvenz ihres Schuldners oftmals bereit, die Forderung vorübergehend zu stunden oder Ratenzahlung zu akzeptieren. Nicht selten kann auch im Rahmen eines Vergleichs erreicht werden, dass der Lieferant auf einen bestimmten Teil oder Prozentsatz seiner Forderung verzichtet. Dies setzt in der Praxis allerdings meist eine Offenlegung der tatsächlichen wirtschaftlichen Verhältnisse durch Gewährung von Einblick in die Geschäftsunterlagen oder zumindest die Versicherung eines Rechtsanwalts oder Steuerberaters voraus, dass tatsächlich massive wirtschaftliche und finanzielle Schwierigkeiten bestehen.

Was haben Sie bei Änderungen im Bestand der Gesellschafter zu beachten?

Änderungen im Bestand der Gesellschafter

Im Laufe der Zeit können sich durch Eintritt, Anteilsübertragung und Ausscheiden von Gesellschaftern Änderungen im Gesellschafterbestand ergeben.

Eintritt neuer Gesellschafter

Zunächst sind lediglich die Gründungsgesellschafter Mitglieder der GbR. Heißt das, dass die GbR nach ihrer Gründung keine neuen Gesellschafter mehr aufnehmen kann? Nein: Der Eintritt in eine bestehende Gesellschaft ist im Rahmen der gesetzlichen Regelungen zwar nicht vorgesehen, allerdings kann im Gesellschaftsvertrag geregelt werden, dass ein späterer Eintritt von Gesellschaftern möglich ist. Aber auch wenn der Gesellschaftsvertrag eine solche Regelung nicht enthält, können die Gesellschafter durch einstimmigen Beschluss den Gesellschaftsvertrag dahingehend ändern, dass ein neuer Gesellschafter in die GbR aufgenommen wird.

Experten-Tipp

Eintritt gut überlegen

Der Eintritt in eine bereits bestehende GbR ist sehr riskant geworden, seit der Bundesgerichtshof als Konsequenz aus der Zuerkennung der Rechtsfähigkeit das Recht der oHG für die GbR entsprechend anwendet. Nun erstreckt sich die Haftung des eintretenden Gesellschafters auch auf bereits vor seinem Eintritt entstandene Verbindlichkeiten (BGH, Urteil vom 07.04.2003 – II ZR 56/02). Sollten Sie daher ernsthaft einen Eintritt in eine bereits bestehende GbR erwägen, sollten Sie sich auf jeden Fall die Bücher der Gesellschaft vorlegen lassen, um die Risiken abschätzen zu können.

Mit dem Eintritt in die Gesellschaft tritt der neue Gesellschafter auch in das Gesamthandsvermögen ein. Aufgrund der Eigenart des Gesamthandsvermögens sind dafür keine weiteren Übertragungsakte erforderlich. Es erhöht sich lediglich die Anzahl der Berechtigten um den Eintretenden.

Übertragung eines Gesellschaftsanteils

Nach dem Wortlaut des Gesetzes sind die den Gesellschaftern aus dem Gesellschaftsverhältnis gegeneinander zustehenden Rechte nicht übertragbar. Der Gesetzgeber bezweckte damit den Schutz der anderen Gesellschafter. Diese sollten keine unliebsamen Dritten „vor die Nase gesetzt" bekommen. Es ist heute jedoch allgemein anerkannt, dass ein Gesellschafter seinen Gesellschafteranteil und damit auch seinen Anteil am Gesellschaftsvermögen übertragen kann. Dies setzt voraus,

Voraussetzungen

- dass die Übertragung im Gesellschaftsvertrag für zulässig erklärt wird
- oder, sofern sich dort keine Regelung dazu findet, die anderen Gesellschafter der Übertragung zustimmen.

Des Weiteren können Gesellschaftsanteile und die daraus resultierenden Anteile am Gesellschaftsvermögen nur gemeinsam übertragen werden. Sie können nicht voneinander getrennt werden.

Übergang der Mitgliedschaft im Todesfall

Fortsetzungs- und Nachfolgeklausel

Die Gesellschaft wird durch den Tod eines der Gesellschafter aufgelöst, sofern sich nicht aus dem Gesellschaftsvertrag etwas anderes ergibt, § 727 BGB. Oft wird jedoch diesbezüglich im Gesellschaftsvertrag durch Aufnahme einer Fortsetzungs- und Nachfolgeklausel geregelt, dass sich die Gesellschaft im Falle des Todes eines der Gesellschafter nicht auflöst, sondern die Erben in die Rechtsposition des Gesellschafters eintreten. Die Gesellschaft besteht dann weiterhin.

Ausscheiden eines Gesellschafters

Unter bestimmten Umständen kann ein Gesellschafter aus der Gesellschaft ausscheiden. In Betracht kommen insbesondere

- die Kündigung eines Gesellschafters,
- der Ausschluss eines Gesellschafters,
- der Tod eines Gesellschafters,
- die Insolvenz eines Gesellschafters.

Ausscheiden durch Kündigung

Jeder Gesellschafter hat nach dem Gesetz das Recht zur Kündigung. Dieser Punkt gehört zu den wenigen gesetzlichen Regelungen zum Recht der Gesellschaft, die im Gesellschaftsvertrag nicht ausgeschlossen werden können und somit nicht zur Disposition der Gesellschafter stehen. Allerdings ist es durchaus möglich, das Kündigungsrecht zu beschränken. Die in der Praxis wichtigste Beschränkung ist die Aufnahme einer Kündigungsfrist in den Gesellschaftsvertrag.

Interessengerechte Kündigungsfrist vereinbaren

Experten-Tipp

Es ist sehr wichtig, dass Sie beim Aufsetzen des Gesellschaftsvertrags das Bestandsinteresse der Gesellschaft mit dem persönlichen Interesse der Gesellschafter abwägen. Sofern beispielsweise eine Kündigung jederzeit ohne Einhaltung einer Kündigungsfrist als möglich vereinbart wird, schränkt dies die Planungssicherheit der Gesellschaft erheblich ein. Die Vereinbarung einer unangemessen langen Kündigungsfrist ist jedoch ebenso wenig zu empfehlen. Wenn ein Gesellschafter nämlich nicht die Möglichkeit hat, sein Engagement innerhalb einer vernünftigen Zeit zu beenden, kann dies zu ernsthaften Auseinandersetzungen bis hin zur völligen Blockade der Gesellschaft führen. Auch wird sich der am baldigen Ausscheiden aus der Gesellschaft gehinderte Gesellschafter andere Mittel und Wege überlegen, um aus der Gesellschaft „rauszukommen". Beispielsweise wird er sich einen Grund überlegen, warum der Gesellschaftsvertrag von vorneherein nichtig oder anfechtbar gewesen sein soll und versuchen, durch eine fristlose Kündigung aus dieser dann fehlerhaften Gesellschaft herauszukommen. Diese Interessenlagen sollten Sie bei der Vereinbarung einer Kündigungsfrist beachten. In der Praxis wird häufig eine Kündigungsfrist von sechs Monaten zum Ende des Kalenderjahres vereinbart. Dies dürfte in der Regel eine interessengerechte Kompromisslösung darstellen, im Einzelfall kann jedoch auch eine längere oder kürzere Kündigungsfrist angemessen sein.

Sofern er rechtzeitig kündigt, ist der Gesellschafter nach Ablauf der Kündigungsfrist nicht mehr Mitglied der Gesellschaft. Mit dem Ausscheiden hat der Gesellschafter Anspruch auf Abfindung aus dem Gesellschaftsvermögen. Sofern die GbR nur aus zwei Gesellschaftern besteht, löst sie sich durch Kündigung eines Gesellschafters auf. Eine Liquidation des Gesellschaftsvermögens kann vermieden werden, indem die Gesellschafter dem verbleibenden Gesellschafter im Gesellschaftsvertrag ein Übernahmerecht einräumen.
Sofern Ihr Gesellschaftsvertrag eine entsprechende Klausel enthält, kann auch die Gesellschaft einem Gesellschafter kündigen, wenn die im Gesellschaftsvertrag für eine solche Kündigung bestimmten Voraussetzungen vorliegen und Sie eine Fortsetzungsklausel wirksam vereinbart haben. Wenn jedoch der Gesellschaftsvertrag eine solche Möglichkeit der Kündigung nicht enthält, können die übrigen Gesellschafter einem Mitgesellschafter immer noch den Ausschluss entsprechend § 737 BGB erklären. Dies ist allerdings regelmäßig nur bei Vorliegen eines wichtigen Grundes möglich und setzt darüber hinaus die Vereinbarung einer Fortsetzungsklausel voraus.

Kündigung im Fall der fehlerhaften Gesellschaft

Praxis-Beispiel

Clevers falscher Rat

Norbert Reich möchte zusammen mit dem Hausverwalter Marcel Parterre eine Grundstücksverwaltungsgesellschaft gründen. Im Gesellschaftsvertrag verpflichtet sich Norbert, der GbR ein von ihm geerbtes Mehrfamilienhaus zu übertragen. Marcel ist der Ansicht, dass der Vertrag notariell beurkundet werden müsse. Da jedoch Norberts Freund Claus Clever mit großer Überzeugung die Ansicht vertritt, dass eine notarielle Beurkundung des Gesellschaftsvertrags nicht erforderlich sei, überredet Norbert Marcel auf die Beurkundung zu verzichten und somit die Notarkosten zu sparen. Nach einiger Zeit bekommen sich Norbert und Marcel wegen der Gewinnverteilung in die Haare. Marcel fühlt sich übervorteilt und möchte so schnell wie möglich aus der Gesellschaft ausscheiden. Der Gesellschaftsvertrag sieht jedoch eine lange Kündigungsfrist vor. Marcel kommt daher auf die Idee, dass der Gesellschaftsvertrag aufgrund fehlender notarieller Beurkundung nichtig sein könnte. Er kündigt daher seine Mitgliedschaft fristlos. Als Norbert nun doch zu Rechtsanwalt Redlich geht, bestätigt ihm dieser zu seinem Schrecken, dass die Kündigung wirksam ist. ◂

Was passiert, wenn beim Abschluss des Gesellschaftsvertrages Gründe vorliegen, aufgrund derer der ganze Vertrag eigentlich nichtig oder anfechtbar sein müsste? Der Gesellschaftsvertrag wird dann nicht von Anfang an als nichtig oder anfechtbar angesehen, sondern es hat lediglich jeder Gesellschafter das Recht, das Gesellschaftsverhältnis fristlos zu kündigen. Dies widerspricht den sonst üblichen Grundsätzen für Rechtsgeschäfte. Eigentlich müsste dann die Gesellschaft aufgrund der Nichtigkeit des Gesellschaftsvertrags oder im Falle der gerechtfertigten Anfechtung desselben als nicht wirksam zustande gekommen angesehen werden. Für die GbR wird davon in der Rechtsprechung eine Ausnahme gemacht. Der Grund liegt darin, dass eine Rückabwicklung der Gesellschaft praktisch nicht mehr möglich ist, wenn die Gesellschaft bereits tätig war und womöglich sogar schon längere Zeit bestanden hat. Darüber hinaus sollen auch die berechtigten Interessen Dritter geschützt werden, die im Vertrauen auf den Bestand der Gesellschaft mit dieser in Beziehung getreten sind.
Als Gründe für die fehlerhafte Gesellschaft kommen z. B. in Betracht:

Gründe für fehlerhafte Gesellschaft

- Mitwirkung von Minderjährigen ohne entsprechende Genehmigung des Familien- oder Vormundschaftsgerichts
- Der Zweck der Gesellschaft verstößt gegen ein gesetzliches Verbot
- Ein verdeckter Einigungsmangel beim Abschluss des Gesellschaftsvertrages.
- Der Gesellschaftsvertrag ist anfechtbar.

In der Praxis wird häufig versucht, unter Berufung auf solche Nichtigkeits- und Anfechtungsgründe aus einer GbR herauszukommen, insbesondere dann, wenn der Gesellschaftsvertrag eine ungünstige Abfindungsregelung enthält. Die anderen Gesellschafter sollten dann prüfen, ob eventuell nur einzelne Vertragsbestandteile mit Fehlern behaftet sind und der Vertrag im Übrigen wirksam ist und die Gesellschaft unter den anderen Gesellschaftern fortgesetzt werden kann. Dies kommt insbesondere dann in Frage, wenn der Vertrag eine so genannte „salvatorische Klausel" beinhaltet.

Ausscheiden durch Ausschluss

Ausschluss nur aus wichtigem Grund

Es ist auch möglich, dass ein Gesellschafter gegen seinen Willen durch die Gesellschaft ausgeschlossen oder gekündigt wird. Ein Ausschluss ist nur aus wichtigem Grunde möglich, eine Kündigung aus den im Gesellschaftsvertrag dafür vorgesehenen Gründen. Ein zum Ausschluss berechtigender wichtiger Grund liegt nach der Vorstellung des Gesetzgebers insbesondere vor, wenn ein Gesellschafter eine ihm nach dem Gesellschaftsvertrag obliegende wesentliche Verpflichtung vorsätzlich oder grob fahrlässig verletzt hat. Als Anlass für einen Ausschluss kommt also nur eine gravierende Pflichtverletzung in Frage. Sofern der ausgeschlossene Gesellschafter die Pflichtverletzung bestreitet, hat die Gesellschaft diese zu beweisen. Damit wird auch verhindert, dass unliebsame Gesellschafter unter dem Vorwand einer begangenen Pflichtverletzung ausgeschlossen werden können. Ein zum Ausschluss berechtigender wichtiger Grund kann beispielsweise bei einem tätlichen Angriff gegen einen Mitgesellschafter oder der Diebstahl von Geld aus der Kasse der GbR vorliegen. Sie müssen jedoch bei der Beurteilung der Frage, ob ein solcher wichtiger Grund vorliegt, immer alle Umstände des Einzelfalles berücksichtigen und gegebenenfalls gegeneinander abwägen. Der Ausschluss muss von allen Mitgesellschaftern einstimmig beschlossen werden. Der Ausgeschlossene hat die Möglichkeit, Klage bei Gericht zu erheben und dabei zu beantragen, dass festgestellt wird, dass die Mitgliedschaft in der Gesellschaft fortbesteht. Sofern das Gericht zu dem Schluss kommt, dass der Ausschluss mangels eines wichtigen Grundes unrechtmäßig war, wird es dem Antrag stattgeben. Der Ausschluss gilt dann als von Anfang an unwirksam.

Tod eines Gesellschafters

Auch Erben scheiden aus

Für den Fall, dass ein Gesellschafter stirbt, sieht das Gesetz die Auflösung der Gesellschaft vor. Sofern Sie jedoch im Gesellschaftsvertrag bestimmt haben, dass die Gesellschaft nach dem Tode eines Gesellschafters fortbestehen soll, scheiden mit dem Tode nicht nur der Gesellschafter sondern auch seine Erben aus der Gesellschaft aus. Die Erben des Verstorbenen haben dann allerdings einen Anspruch auf Abfindung entsprechend dem Anteil des verstorbenen Gesellschafters am Gesellschaftsvermögen.

Insolvenz eines Gesellschafters

Wird über das Vermögen eines Gesellschafters das Insolvenzverfahren eröffnet, so hat dies nach dem Gesetz ebenfalls die Auflösung der Gesellschaft zur Folge. Sie können allerdings auch für diesen Fall gesellschaftsvertraglich bestimmen, dass der betroffene Gesellschafter lediglich aus der Gesellschaft ausscheidet und diese unter den anderen Gesellschaftern fortgesetzt wird.

Experten-Tipp

Auflösung bei Insolvenz eines Gesellschafters vermeiden

Oftmals haben die Gesellschafter wenig oder keinen Einfluss auf die private Lebensgestaltung ihrer Mitgesellschafter. Es empfiehlt sich deshalb schon aus diesem Grunde, eine Klausel in den Gesellschaftsvertrag aufzunehmen, die die Gesellschaft vor der Auflösung bewahrt, wenn über das Vermögen eines Gesellschafters das Insolvenzverfahren eröffnet wird. ◂

Scheidet ein Gesellschafter aufgrund der Eröffnung des Insolvenzverfahrens über sein Privatvermögen aus der Gesellschaft aus, wächst sein Anteil am Gesellschaftsvermögen den anderen Gesellschaftern zu. Der dem Gesellschafter dann zustehende Abfindungsanspruch fällt allerdings in die Insolvenzmasse. Es kann daher also nicht mehr der aufgrund von Insolvenz ausscheidende Gesellschafter, sondern nur noch der Insolvenzverwalter den Anspruch geltend machen.

Unterschied zur Insolvenz der Gesellschaft

Von der Eröffnung des Insolvenzverfahrens über das Vermögen eines Gesellschafters ist die Insolvenz der Gesellschaft zu unterscheiden. Nach der seit 1999 geltenden Insolvenzordnung kann nun auch über das Vermögen der Gesellschaft selbst das Insolvenzverfahren eröffnet werden. Dies war nach der früher geltenden Konkursordnung nicht möglich. Im Falle der Insolvenz der GbR wird diese selbst Gemeinschuldnerin.

Der Abfindungsanspruch des ausscheidenden Gesellschafters

Der ausscheidende Gesellschafter hat Anspruch auf Abfindung gegen die Gesellschaft. Die Modalitäten sollten im Gesellschaftsvertrag geregelt sein.

Experten-Tipp

Raten festlegen

Unterschätzen Sie nicht die Sprengkraft, die der Abfindungsanspruch für die Gesellschaft besitzt. Regeln Sie daher von vorneherein genau im Gesellschaftsvertrag, wie die Abfindung gestaltet werden kann, ohne, dass die Gesellschaft an deren Realisierung finanziell und wirtschaftlich zugrunde geht. In der Praxis wird meist eine Abfindung in Raten vereinbart.

Rechtlich gesehen führt das Ausscheiden eines Gesellschafters nicht dazu, dass dieser seinen Gesellschaftsanteil zurückerhält, sondern lediglich dazu, dass ihm ein Anspruch auf Abfindung gegen die anderen Gesellschafter zusteht. Der Grund liegt darin, dass das Gesetz eine kluge Lösung für die Frage gefunden hat, was aus dem Gesellschaftsanteil des ausscheidenden Gesellschafters werden soll. Der Einfachheit halber bestimmt das Gesetz, dass der Anteil des ausscheidenden Gesellschafters am Gesellschaftsvermögen den übrigen Gesellschaftern „zuwächst". Dies ist deshalb möglich, da das Gesellschaftsvermögen als Gesamthandsvermögen gilt. In der Folge erhöhen sich die Anteile der verbleibenden Gesellschafter um die Anteile des ausscheidenden Gesellschafters. Die verbleibenden Gesellschafter treten insofern automatisch in die Rechte des ausscheidenden Gesellschafters aus seinem Gesellschaftsanteil ein.

Korrektur des Grundbuchs

Sofern ein Grundstück zum Gesellschaftsvermögen gehört, wird trotz des gerade beschriebenen Prinzips der Anwachsung das Grundbuch unrichtig und muss korrigiert werden. Jedoch ist die Berichtigung des Grundbuchs nur deklaratorischer Natur, denn aufgrund der Anwachsung ist es nicht erforderlich, den Anteil des ausscheidenden Gesellschafters durch die sonst notwendigen Akte der Auflassung und Grundbucheintragung zu übertragen.

Was umfasst nun aber der Abfindungsanspruch? Nach dem Gesetz sind die anderen Gesellschafter verpflichtet,

Inhalt des Abfindungsanspruchs

- dem ausscheidenden Gesellschafter die Gegenstände, die er der Gesellschaft zur Nutzung überlassen hat, zurückzugeben,
- ihn von den gemeinschaftlichen Schulden zu befreien
- und ihm dasjenige zu zahlen, was er bei der Auseinandersetzung erhalten würde, wenn die Gesellschaft zur Zeit seines Ausscheidens aufgelöst worden wäre.

Höhe der Abfindung

Die Höhe der Abfindung richtet sich nach dem Wert des Anteils des ausscheidenden Gesellschafters am Gesellschaftsvermögen. Sofern nichts anderes vereinbart ist, ist dabei nicht der Buchwert des Anteils, sondern dessen Verkehrswert, also der wirkliche Wert des Anteils, zugrunde zu legen. Dieser umfasst, falls vorhanden, auch stille Reserven und den Goodwill. Stille Reserven können unter anderem durch Wertsteigerungen von Wirtschaftsgütern, beispielsweise von Immobilien, entstehen. Unter dem Begriff Goodwill wird der materiell nicht oder nur schwer zu beziffernde Wert von Geschäftsbeziehungen, Kundenstamm, Know-how und Ähnlichem zusammengefasst. Der Verkehrswert kann unter Berücksichtigung all dieser Positionen erheblich über dem Buchwert liegen.

Bewertungsmethode vorab festlegen

Experten-Tipp

Es ist unbedingt zu empfehlen, dass Sie bereits im Gesellschaftsvertrag festlegen, wie die Höhe des Abfindungsanspruchs ermittelt und berechnet werden soll. Anderenfalls werden sich die Parteien wegen dieser Frage fast zwangsläufig vor Gericht wiederfinden. In der Praxis wird üblicherweise für den Streitfall vereinbart, dass der Wert und die Höhe des Abfindungsanspruchs durch einen unabhängigen Sachverständigen, etwa der Industrie- und Handelskammer, ermittelt werden sollen.

Haftungsfalle

Achtung Haftungsfalle: Die verbleibenden Gesellschafter haften für den Abfindungsanspruch des ausscheidenden Gesellschafters ggf. auch mit ihrem Privatvermögen. Andererseits haftet der ausscheidende Gesellschafter entsprechend seinem Anteil für den Fehlbetrag, wenn der Wert des Gesellschaftsvermögens zur Deckung der gemeinschaftlichen Schulden und der Einlagen nicht ausreicht. Er muss also eine entsprechende Summe an die verbleibenden Gesellschafter bezahlen!

Was ist, wenn die GbR nur zwei Gesellschafter hat?

Auflösung der GbR

Sehr häufig hat eine GbR nur zwei Gesellschafter. Wenn ein Gesellschafter ausscheidet, führt dies zwangsläufig zur Auflösung, da eine GbR mindestens zwei Gesellschafter voraussetzt. Die Auflösung führt dann zur Auseinandersetzung der Gesellschafter über das Gesellschaftsvermögen. Da dieses im Rahmen der Auseinandersetzung aber komplett in Geld umgesetzt werden muss, sind zwangsläufig alle Gegenstände des Gesellschaftsvermögens zu verkaufen. Damit kann dem verbleibenden Gesellschafter unter Umständen die berufliche Existenzgrundlage entzogen werden. Zur Vermeidung dieser Folge, können die Gesellschafter vereinbaren, dass der verbleibende Gesellschafter das Vermögen im Wege der Gesamtrechtsnachfolge übernimmt. Nach dem Ausscheiden des einen Gesellschafters geht das Vermögen auf den anderen Gesellschafter über, sofern der Verbleibende die Übernahme erklärt. Der Gesellschaftsvertrag kann auch einen automatischen Übergang vorsehen, so dass eine ausdrückliche Übernahmeerklärung nicht erforderlich ist. Ähnlich wie bei der bereits erwähnten Anwachsung, ist für den Übergang eine Übereignung der einzelnen Gegenstände nicht erforderlich. Allerdings muss auch hier im Falle von Grundbesitz das Grundbuch berichtigt werden. In der Konsequenz hat der ausscheidende Gesellschafter lediglich einen Abfindungsanspruch gegen den letzten Gesellschafter als Gesamtrechtsnachfolger der GbR. Dieses Ergebnis mag insbesondere im Falle des Ausschlusses eines Gesellschafters durch den anderen Gesellschafter als unfair erscheinen. Dies umso mehr, als sich die Frage, wer vorletzter und wer letzter war, eigentlich nur danach entscheidet, welcher der beiden dem jeweils anderen zuerst den Ausschluss erklärt. Es verwundert daher nicht, dass die Erklärung des Ausschlusses oft dazu führt, dass die Gesellschafter vor Gericht über die Wirksamkeit des Ausschlusses prozessieren.

Nachhaftung des ausscheidenden Gesellschafters

Soweit ein Gesellschafter für eine Verbindlichkeit der Gesellschaft persönlich zu haften hat, besteht die Haftung nach seinem Ausscheiden grundsätzlich noch fünf Jahre fort, sofern der Rechtsgrund für die Haftung noch während der Gesellschaftszugehörigkeit des Ausscheidenden entstanden ist, vgl. §§ 736 II BGB, 160 I HGB.

Auflösung und Auseinandersetzung der GbR

Auflösung der Gesellschaft

Nach dem Gesetz haben bestimmte Gründe die Auflösung der GbR zur Folge. Die Beendigung der Gesellschaft kann jedoch auch auf einer unternehmerischen Entscheidung basieren. Soll die Gesellschaft durch einen entsprechenden Beschluss aufgelöst werden, ist dafür Einstimmigkeit erforderlich. Dies gilt auch dann, wenn nach dem Gesellschaftsvertrag eigentlich das Mehrheitsprinzip vereinbart wurde, da durch einen solchen Beschluss der Bestand der Gesellschaft betroffen ist.

Einstimmigkeit erforderlich

Gesetzliche Gründe für eine Auflösung der GbR

Das Gesetz sieht in den §§ 723 ff. BGB beim Vorliegen bestimmter Umstände die Auflösung der GbR vor. Dies ist der Fall bei:

- Kündigung durch einen Gesellschafter.
- Kündigung durch einen sog. Pfändungspfandgläubiger. Sofern ein Gläubiger eines Gesellschafters im Rahmen der Zwangsvollstreckung die Pfändung an dessen Gesellschaftsanteil erwirkt, kann dieser nach dem Gesetz die Gesellschaft ohne Einhaltung einer Kündigungsfrist kündigen.
- Erreichen oder Unmöglichwerden des vereinbarten Zwecks.
- Tod eines Gesellschafters.
- Insolvenz eines Gesellschafters.

Sonstige Auflösungsgründe

Daneben kann es noch weitere Gründe für die Auflösung einer GbR geben, wie etwa:

- Vertragliche Vereinbarung der Auflösung durch die Gesellschafter.
- Vertraglich festgeschriebene Auflösung durch Zeitablauf. Dies ist der Fall, wenn im Gesellschaftsvertrag festgelegt wurde, dass die GbR nach Ablauf einer gewissen Zeit beendet sein soll.

Weiterbestehen der GbR aufgrund einer Fortsetzungsklausel

Für die Auflösungsgründe der Kündigung, des Todes und der Insolvenz eines Gesellschafters können Sie durch die Aufnahme einer so genannten Fortsetzungsklausel in den Gesellschaftsvertrag die Auflösung verhindern. Die Gesellschaft wird dann unter den übrigen Gesellschaftern fortgesetzt.

Übernahmeklausel

Im Falle einer lediglich zweigliedrigen GbR, also einer GbR, die nur aus zwei Gesellschaftern besteht, kann eine Übernahmeklausel für den Fall des Ausscheidens eines Gesellschafters vereinbart werden. Eine solche hat dann die Folge, dass der verbleibende Gesellschafter das Gesellschaftsvermögen als Gesamtrechtsnachfolger übernimmt. Die GbR selbst bleibt aber nicht bestehen, da eine solche zumindest zwei Gesellschafter voraussetzt.

Fortsetzungsklausel für den Fall der Kündigung durch einen Gesellschafter

Sofern die Gesellschafter eine Fortsetzungsvereinbarung für den Fall der Kündigung geschlossen haben, so scheidet der kündigende Gesellschafter aus der Gesellschaft aus. Im Wege der Anwachsung geht dann der Anteil des kündigenden Gesellschafters am Gesellschaftsvermögen und damit die gesamthänderische Mitberechtigung an demselben unmittelbar auf die verbliebenen Gesellschafter über.

Experten-Tipp

Fortsetzungsklausel vereinbaren

Die Rechtsfolge der Auflösung der Gesellschaft aufgrund einer Kündigung ist insbesondere dann unangenehm, wenn ein Privatgläubiger eines Gesellschafters aufgrund des gepfändeten Mitgliedschaftsrechts kündigt und die anderen Gesellschafter insofern keinen Einfluss auf das Geschehen haben. Die Auflösung der Gesellschaft können Sie auch in diesem Fall durch eine Fortsetzungsklausel im Gesellschaftsvertrag ausschließen. Der Gläubiger des Gesellschafters kann sich dann aus dem Abfindungsanspruch befriedigen. ◂

Fortsetzungsklausel für den Fall des Todes eines Gesellschafters

Auch für den Fall des Todes eines Gesellschafters sieht das Gesetz die Auflösung der Gesellschaft vor. Diese kann jedoch durch eine Fortsetzungsklausel vermieden werden. Darüber hinaus können Sie durch eine Nachfolgeklausel im Gesellschaftsvertrag bestimmen, dass im Falle des Todes eines Gesellschafters dessen Erben in seine Gesellschafterstellung nachrücken. Die Gesellschaft wird dann unter Beteiligung der Erben fortgesetzt.

Fortsetzungsklausel für den Fall der Insolvenz

Für den Fall, dass über das Privatvermögen eines Gesellschafters das Insolvenzverfahren eröffnet wird, kann der Gesellschaftsvertrag vorsehen, dass dieser Gesellschafter aus der Gesellschaft ausscheidet. Die Insolvenz berührt dann nicht mehr den Bestand der Gesellschaft.

Auseinandersetzung der Gesellschaft

Liquidation

Sofern Gesellschaftsvermögen vorhanden ist, ist die Gesellschaft mit der Auflösung noch nicht beendigt. Dieses muss liquidiert werden, um die gesamthänderische Verbundenheit der Gesellschafter aufzutrennen. Zu diesem Zweck wird die Auseinandersetzung der Gesellschaft, auch Liquidation genannt, durchgeführt. Eine Auseinandersetzung ist nicht erforderlich, wenn

- kein Gesellschaftsvermögen vorhanden ist,
- die Gesellschafter durch Vereinbarung von ihrer Durchführung absehen,
- wenn ein Gesellschaftsvertrag zwar abgeschlossen, aber tatsächlich nicht in Vollzug gesetzt worden ist,
- wenn sich im Wege der Gesamtrechtsnachfolge alle Gesellschaftsanteile in der Hand eines Gesellschafters vereinen.

Wichtig: Auch nach der Auflösung und Beendigung der GbR besteht die gesamtschuldnerische Haftung der Gesellschafter für die Verbindlichkeiten der Gesellschaft fort.

Durchführung der Auseinandersetzung

Für die Durchführung der Auseinandersetzung enthält das Gesetz in den §§ 731 ff. BGB entsprechende Regelungen. Diese können Sie allerdings durch den Gesellschaftsvertrag abändern. Soweit Sie vertraglich nichts anderes festgelegt haben, umfasst die Auseinandersetzung die folgenden Schritte:

Gegenstände

- Rückgabe von Gegenständen, § 732 BGB: Gegenstände, die ein Gesellschafter der Gesellschaft zur Nutzung überlassen hat, sind ihm zurückzugeben. Dabei kann es sich bei den „Gegenständen" sowohl um Sachen als auch um Rechte handeln.

Gesellschaftsschulden

- Berichtigung der Gesellschaftsschulden, § 733 I BGB: Es sind die Schulden der Gesellschaft zu begleichen. Dafür müssen Sie nötigenfalls das Gesellschaftsvermögen in Geld umsetzen. Sofern das Gesellschaftsvermögen zur Begleichung der Schulden nicht ausreicht, so sind die Gesellschafter entsprechend der vereinbarten Verlustbeteiligung zur Leistung eines Nachschusses verpflichtet.

Erstattung der Einlagen

- Erstattung der Einlagen, § 733 II BGB: Aus dem nach der Berichtigung der Schulden übrig bleibenden Gesellschaftsvermögen sind den Gesellschaftern ihre Einlagen zurückzuerstatten, § 733 II BGB. Sofern die Einlagen in Geld bestanden, sind sie auch in Geld zurückzuerstatten. Auch dafür ist nötigenfalls das Gesellschaftsvermögen in Geld umzusetzen. Für Einlagen, die nicht in Geld bestanden haben, ist der Wert in Geld zu ersetzen, den sie zur Zeit der Einbringung gehabt haben, außer, es wurde etwas anderes vereinbart. Für Einlagen in Form von

Arbeits- oder Werkleistung sieht das Gesetz keinen Ersatz vor. Für solche kann Ersatz nur aufgrund entsprechender Vereinbarung verlangt werden oder dann, wenn sich das Gesellschaftsvermögen durch die Leistungen bleibend erhöht hat.

- Verteilung des Überschusses, § 734 BGB: Verbleibt nach der Berichtigung der Gesellschaftsschulden und der Rückerstattung der Einlagen ein Überschuss, so wird dieser auf die Gesellschafter verteilt. Die Verteilung bestimmt sich hierbei nach der Regelung, die Sie für die Verteilung des Gesellschaftsgewinns getroffen haben. *Verteilung des Überschusses*

Das sind jedoch lediglich die gesetzlich festgelegten Schritte. Tatsächlich setzt die Umsetzung derselben jedoch noch voraus:

- Beendigung der laufenden Geschäfte: Die laufenden Geschäfte der Gesellschaft sind zu beenden. *Laufende Geschäfte*
- Genaue Feststellung des Gesellschaftsvermögens: Ohne genaue Kenntnis über das Gesellschaftsvermögen kann eine geregelte Auseinandersetzung nicht stattfinden. Die Erstellung einer förmlichen Bilanz ist dafür für die GbR nicht vorgeschrieben. Allerdings wird in vielen Fällen das Gesellschaftsvermögen ohne eine bilanzartige Darstellung nicht zutreffend ermittelt werden können. Sie sollten daher zumindest eine verwertbare Aufstellung der Aktiva und Passiva der Gesellschaft erstellen. Bei umsatzstarken Gesellschaften kann sich jedoch eine Verpflichtung zur Bilanzierung aus steuerrechtlichen Vorschriften ergeben. *Gesellschaftsvermögen*
- Erstellung einer Schlussabrechnung: Ob nach Begleichung der Gesellschaftsschulden und der Rückerstattung der Einlagen noch ein Überschuss verbleibt, der unter den Gesellschaftern verteilt werden kann, ist durch eine Schlussabrechnung zu ermitteln. Auch für diese ist eine förmliche Bilanz nicht vorgeschrieben, im Einzelfall jedoch sinnvoll. Die Erstellung einer Schlussabrechnung ist nicht erforderlich, wenn kein zu verteilendes Gesellschaftsvermögen mehr vorhanden ist. *Schlussabrechnung*
- Gegebenenfalls Nachschussleistung durch die Gesellschafter: Für den Fall, dass das Gesellschaftsvermögen zur Begleichung der Gesellschaftsschulden und zur Rückerstattung der Einlagen nicht ausreicht, sind die Gesellschafter zur Leistung eines Nachschusses entsprechend der vereinbarten Beteiligung am Verlust verpflichtet, § 735 BGB. Sofern Sie eine Vereinbarung über eine Verlustbeteiligung nicht *Nachschussleistung*

getroffen haben, haben die Gesellschafter jeweils den gleichen Anteil am Verlust im Wege der Nachschussleistung auszugleichen.

Durchsetzungssperre

Im Stadium der Abwicklung können die Gesellschafter ihre Ansprüche gegen die Gesellschaft nicht mehr gesondert geltend machen. Es besteht nach der Rechtsprechung des Bundesgerichtshofs eine Durchsetzungssperre für diese Ansprüche (BGH, NJW 1995, 188f.). Die Ansprüche der Gesellschafter werden insofern zu unselbstständigen Rechnungsposten in der Auseinandersetzungsrechnung. Damit soll verhindert werden, dass eine Ausschüttung erfolgt, die alsbald zurückgezahlt werden müsste. Eine solche Verpflichtung zur Rückzahlung kann sich beispielsweise aus der Nachschusspflicht der Gesellschafter nach § 735 BGB ergeben. Mit dem Abschluss der Auseinandersetzung ist die Gesellschaft dann beendet.

Gewusst wie, gewusst wo

Wie erstellen Sie einen Business-Plan?

Brauchen Sie einen Business-Plan?

Nicht verpflichtend

Grundsätzlich besteht keine Verpflichtung für einen Unternehmer, einen Business-Plan zu erstellen. Jedoch ist ein solcher in der Regel unumgänglich, wenn Sie in irgendeiner Weise auf Fremdkapital zurückgreifen müssen. Der Kapitalgeber wird wissen wollen, um was für ein Vorhaben es sich handelt. Er wird anhand des Business-Plans entscheiden, ob er Ihrer Sache Chancen einräumt oder nicht und seine Entscheidung über eine Kreditzusage danach ausrichten. Auch bei der Beantragung von Fördermitteln aus öffentlichen Förderprogrammen müssen Sie meist einen Business-Plan mit einreichen.

Was gehört in einen Business-Plan?

Es gibt keine verbindlichen Regeln, wie ein Business-Plan auszusehen hat. Es gibt jedoch einige Punkte, die er auf jeden Fall enthalten sollte, um seinem Zweck gerecht zu werden.

1. Zusammenfassung

Schneller Überblick

Auch wenn es seltsam erscheinen mag, mit einer Zusammenfassung zu beginnen, ist es wichtig, dass Sie dem eigentlichen Plan eine solche voranstellen. Diese sollte auf keinen Fall mehr als eine Seite umfassen und einen wirklich schnellen Überblick erlauben. Sie hat den Zweck, das Interesse des Lesers zu wecken und soll ihn dazu veranlassen, sich den eigentlichen Plan genauer anzusehen. Warum das Ganze? Es kann sein, dass der Leser viel zu tun hat. Was passiert dann, wenn er einen ausführlichen, mehrere Seiten umfassenden Plan auf seinen Schreibtisch bekommt? Dieser wird erst mal zur Seite gelegt und bleibt dort womöglich lange liegen. Haben Sie dem eigentlichen Plan jedoch eine kurze Zusammenfassung vorangestellt, wird diese sehr wahrscheinlich gelesen werden, da sich der Leser damit dem Vorwurf entziehen kann, er habe sich die Sache nicht angesehen. Versuchen Sie deshalb, die Zusammenfassung so interessant wie möglich zu gestalten. Sie muss zum Weiterlesen einladen.

2. Darstellung des Produkts bzw. der Dienstleistung

Produktmerkmale

Stellen Sie Ihr Produkt, bzw. Ihre Dienstleistung vor. Soweit es möglich ist, benutzen Sie dafür eine allgemein verständliche Sprache. Verwenden Sie insbesondere bei technischen Produkten wissenschaftliche (physikalische, chemische, mathematische) Details und Fachausdrücke nur, wenn eine sinnvolle Beschreibung nicht anders möglich ist. Der Leser ist in der Regel kein Fachmann, will aber trotzdem verstehen, um was es geht.

Vorzüge

Stellen Sie dar, ob und warum das Produkt oder die Dienstleistung angeboten werden soll. Ist es besser oder anders als das bisherige Angebot?

Produktion

Erklären Sie den Ablauf der Produktion und ob bereits Marktreife vorliegt.

Urheberrecht

Sofern sie bereits urheberrechtlichen Schutz für Ihr Produkt (z. B. Patent) erlangt haben, weisen Sie darauf hin.

3. Marktanalyse

Beschreiben Sie den anvisierten Markt für Ihr Produkt. Gehen Sie dabei auf folgende Punkte ein:

Checkliste Marktanalyse

Was	Bemerkungen
Welcher Branche ist Ihr Angebot zuzurechnen? Handelt es sich um eine Wachstumsbranche?	
Wo befindet sich der Zielmarkt örtlich? Lokal, regional, national, international?	
Wer soll die Zielgruppe für Ihr Angebot sein? An wen richtet sich Ihr Angebot? Wer sollen ihre Kunden sein? Wie ist die Einkommensstruktur der Kunden?	
Warum gibt es Bedarf an Ihrem Angebot? Warum sollen die Kunden zu Ihrem Angebot greifen? Wie schätzen Sie die Nachfrage ein?	
Wo Sie sehen ihren Platz in der Branche? Wie schätzen Sie sich ein im Verhältnis zu Ihren Konkurrenten? Was hat Ihr Angebot dem Angebot der etablierten Konkurrenz voraus? Sehen Sie eine realistische Chance, gegen die etablierte Konkurrenz zu bestehen?	

4. Marketingstrategie

Marketing und Vertrieb

Machen Sie sich über das Marketing ausführlich Gedanken. Das Marketing und der Vertrieb sind von grundlegender Bedeutung für den unternehmerischen Erfolg. Das beste Produkt nützt nichts, wenn niemand davon erfährt und es deshalb niemand kauft. Andererseits nützt die beste Werbung nichts, wenn keine entsprechenden Vertriebskanäle zur Verfügung stehen und der Kunde das Produkt nicht kaufen kann, selbst wenn er wollte. Sie können sicher sein, dass der erfahrene Leser des Business-Plans ihren Ausführungen zum Marketing besondere Aufmerksamkeit zukommen lassen wird.

Beantworten Sie folgende Fragen (sollten sich für Ihre Branche oder Ihr Produkt andere oder weitere Fragen stellen, beantworten Sie diese ebenfalls):

Checkliste Marketing

Was	Bemerkungen
Welche Schlüsse ergeben sich für uns aus der Marktanalyse?	
Welche Möglichkeiten und Mittel stehen uns zur Verfügung, um die angestrebte Zielgruppe zu erreichen?	
Wie viel Kapital werden wir benötigen, um unser Produkt bei der Zielgruppe bekannt zu machen? Durch Werbung? Durch Aktionen?	
Welche Schlüsse ziehen wir aus der im Rahmen der Marktanalyse durchgeführten Analyse der Branche und der Konkurrenz? Gibt es Marketingmethoden, die die Konkurrenz (noch) nicht verwendet?	
Welchen Marktanteil streben wir an? In welchem Zeitraum wollen wir diesen erreichen?	
Wo positionieren wir uns innerhalb des Marktes in preislicher und qualitativer Hinsicht?	
Wie sehen unsere Vertriebswege aus? Benötigen wir Vertriebspartner? Soll das Internet beim Vertrieb eine Rolle spielen?	

5. Beschreibung der GbR

An dieser Stelle ist es Zeit, Ihre GbR vorzustellen. Gehen Sie dabei auf die folgenden Punkte ein:

Checkliste Vorstellung der GbR

Was	Bemerkungen
Gesellschafter: Wer sind wir? Was haben wir bisher gemacht? Haben wir die erforderlichen Kenntnisse und Fähigkeiten?	
Leitung: Wer soll geschäftsführender Gesellschafter sein? Was befähigt diejenige Person dazu?	
Rechtsform: Warum haben wir uns für die Rechtsform der GbR entschieden? Was hat die GbR im vorliegenden Fall für Vorteile?	
Standortwahl: Für welchen Standort haben wir uns entschieden? Warum gerade für diesen? Dürfen wir unsere Tätigkeit am geplanten Standort ausüben oder gibt es entgegenstehende Vorschriften?	

6. Darstellung der Chancen und Risiken

„Plan B“

Wahrscheinlich wird Ihnen der Gedanke befremdlich erscheinen, dass Sie selbst auf Risiken hinweisen sollen. Ein Kreditgeber möchte jedoch wissen, ob Sie die Chancen und Risiken Ihrer Unternehmung realistisch einschätzen können. Bleiben Sie deshalb nicht nur bei der Darstellung der Risiken, sondern zeigen Sie einen „Plan B“ auf, für den Fall, dass Ihr Vorhaben nicht wie geplant funktioniert. Dies gibt dem Kreditgeber Vertrauen in Ihre Fähigkeit mit Schwierigkeiten umzugehen. Wenn Sie allerdings den Eindruck haben, dass die Darstellung der Risiken allzu abschreckend auf den Kreditgeber wirken könnte, bleibt es Ihnen unbenommen, sich auf die Darstellung der Chancen zu beschränken. Machen Sie sich dann jedoch darauf gefasst, dass Sie ausdrücklich nach den Risiken gefragt werden.

Chancen

- Schildern Sie kurz die Chancen Ihrer Unternehmung: Wenn alles perfekt läuft, was können Sie maximal erreichen? Wie weit wollen und können Sie gehen?

Risiken

- Schildern Sie kurz die Risiken Ihrer Unternehmung: Gibt es Punkte oder Umstände, auf die Sie keinen Einfluss haben? Wie können Sie reagieren, wenn sich Ihr Angebot nicht verkauft? Kann das Angebot oder Produkt dem tatsächlichen Bedarf angepasst werden? Ist eine Änderung des Angebots mit hohen Kosten verbunden? Ist Ihre Marge groß genug, um gegebenenfalls den Preis senken zu können?

7. Finanzierungs- und Kapitalbedarfsplan

Mit der Erstellung eines Finanzierungs- und Kapitalbedarfsplans gewinnen Sie einen Überblick über den Finanzbedarf Ihrer GbR. Wie ein solcher aussehen kann, zeigt das nächste Kapitel.

Wie erstellen Sie einen Finanzierungs- und Kapitalbedarfsplan?

CD-ROM

Die Erstellung eines Finanzierungs- und Kapitalbedarfsplans gibt Ihnen einen Überblick darüber, welche Mittel für die Umsetzung Ihres Vorhabens erforderlich sind und inwiefern Sie auf Fremdmittel zurückgreifen müssen.

Der hier vorgeschlagene Plan kann natürlich für die Bedürfnisse des Einzelfalls abgeändert werden, er bietet in der vorliegenden Form jedoch eine wichtige Orientierungshilfe, um Klarheit im Bereich der Finanzen zu bekommen.

1. Investitionsplan

Im ersten Schritt sollten Sie ermitteln, welche Investitionen Ihr Vorhaben erfordert. Dadurch wird der Kapitalbedarf für die eigentliche Gründung festgestellt. Beantworten Sie folgende Fragen:

Investitionsplan

Frage:	ja	nein
Erfordert die Umsetzung unserer Geschäftsidee Investitionen? Wenn ja, in welcher Höhe?		
Auf welche Positionen verteilen sich die Investitionen? Auf – Entwicklung, beispielsweise Forschungs- und Laborkosten? – Herstellung und Produktion, beispielsweise Anschaffung von Maschinen? – Vertrieb, beispielsweise Kauf eines Auslieferungsfahrzeugs? – Aufwendungen für Urheberrechte, beispielsweise Patentanmeldungen, Zahlung von Lizenzgebühren? – Büroausstattung, beispielsweise Schreibtische, Aktenschränke, Computer, Telefonanlage? – Sonstiges?		
Können wir die erforderliche Kapitalsumme für die Investitionen durch Nutzung bereits vorhandener Mittel verringern, z. B. durch Nutzung privater Computer, Fahrzeuge, Möbel?		

2. Eigentlicher Finanzierungsplan

Mit dem eigentlichen Finanzierungsplan wird festgestellt, wie der Kapitalbedarf gedeckt werden kann und muss. Hierfür wird zunächst ermittelt, wie viel Eigenkapital zur Verfügung steht, um dann feststellen zu können, wie viel Fremdkapital benötigt wird und von wem dies zur Verfügung gestellt werden soll. Sofern dieser Plan beispielsweise einer Bank zur Kreditentscheidung vorgelegt werden soll, gehört alles Geld, was Sie privat einbringen können, also auch ein Kleindarlehen innerhalb der Familie, zum Punkt Eigenkapital. Für Ihre eigene Planung sollten Sie natürlich solche Positionen zum Fremdkapital rechnen, zumindest dann, wenn Ihnen das Geld nicht geschenkt worden ist.

Der eigentliche Finanzierungsplan

- Eigenkapital:
  - Stellen Sie fest, wie viel die einzelnen Gesellschafter an Eigenkapital in die GbR einbringen können
- Fremdkapital:
  - Stellen Sie fest, wie viel Fremdkapital darüber hinaus noch nötig ist, um den unter Punkt 1 ermittelten Kapitalbedarf zu decken.
  - Kommt dafür eine Förderung durch ein öffentliches Förderprogramm in Frage? Wenn ja, wie viel des Kapitalbedarfs könnte durch eine solche Förderung gedeckt werden?
  - Welcher Betrag muss über einen Kredit finanziert werden? ◂

3. Liquiditätsplan

Mit einem nächsten Schritt wird die Zahlungsfähigkeit der GbR ermittelt.

Liquiditätsplan

- Wie hoch sind die voraussichtlichen monatlichen Ausgaben der GbR? Berücksichtigen Sie dabei auf jeden Fall alle ersichtlichen Ausgaben, auch kleinere Beträge, da diese in der Summe beachtliche Ausmaße annehmen können. Es kann sich dabei beispielsweise handeln um:
  - Miete für die Geschäftsräumlichkeiten
  - Versicherungsprämien
  - Post- und Telekommunikationskosten
  - Leasingraten für Fahrzeuge oder Maschinen
  - Tätigkeitsvergütung für den geschäftsführenden Gesellschafter
  - Kammerbeiträge
  - Kosten für Kontoführung und Überweisungsverkehr
- Wie hoch sind die voraussichtlichen monatlichen Einnahmen der Gesellschaft? Diese sind natürlich nur sehr schwer zu prognostizieren. Sofern verfügbar und vergleichbar, können Sie dafür Zahlen bereits etablierter Konkurrenzunternehmen zu Hilfe nehmen und diese an den von Ihnen angestrebten Marktanteil anpassen.

- Stellen Sie die voraussichtlichen Einnahmen den voraussichtlichen Ausgaben gegenüber. Ergibt sich ein Überschuss der Einnahmen über die Ausgaben? Wenn nicht,
  - sollten Sie überprüfen, ob Sie die Ausgaben verringern können. Gibt es Ausgaben, die nicht unbedingt erforderlich sind? Gibt es Ausgaben, die nicht in dieser Höhe erforderlich sind?
  - sollten Sie überprüfen, wie Sie die Einnahmen erhöhen können. Bieten Sie Dumpingpreise an? Wenn ja, können Sie mit diesen Preisen wirklich dauerhaft sinnvoll wirtschaften?
- Ergibt sich trotz geänderter Planung, dass sich dauerhaft kein Überschuss erwirtschaften lässt, sollten Sie sich ernsthaft Gedanken machen, ob die geplante Unternehmung wirklich überlebensfähig ist. Jedenfalls werden Kapitalgeber in diesem Fall sehr zurückhaltend mit einer Zusage sein. ◂

4. Rentabilitätsprognose

Die Liquiditätsplanung im vorigen Punkt ist wichtig, um feststellen zu können, ob die Geschäftsidee an sich wirtschaftlich tragfähig ist. Dennoch hat sie nur eine eingeschränkte Aussagekraft, da sie von statischen Bedingungen ausgeht, die in der Wirklichkeit so nicht existieren. Es muss daher noch überprüft werden, ab wann die Unternehmung voraussichtlich rentabel sein wird.

Rentabilitätsprognose

To Do

- Welche gründungsbedingten Ausgaben kommen zu den laufenden Ausgaben unter Punkt 3 hinzu?
- Wie lange wird die Anlaufphase voraussichtlich dauern?
- Nach welchem Zeitraum hat die GbR realistischer Weise die Möglichkeit, schwarze Zahlen zu schreiben?
- Sofern Fördermittel beantragt werden sollen: Wie lange läuft die Förderung? Sind wir zum Zeitpunkt des Auslaufens der Förderung schon in der Lage, ohne diese zurecht zu kommen? ◂

Was müssen Sie über Verträge wissen?

Das wichtigste rechtliche „Instrument“ im Wirtschaftsleben ist der Vertrag. Als Gesellschafter einer GbR müssen Sie sich zwangsläufig mit diesem Thema auseinander setzen, da die GbR einen Gesellschaftsvertrag voraussetzt. Aber auch sonst basieren nahezu alle geschäftlichen Beziehungen eines Unternehmers auf Verträgen. Es ist daher unbedingt zu empfehlen, sich mit der Frage nach der Gestaltung von Verträgen zu befassen, da diese über das Wohl und Wehe einer Unternehmung entscheiden. Im Folgenden soll eine kurze Übersicht gegeben werden, was Sie bei der Abfassung von Verträgen mindestens beachten sollten. In jedem Fall sind jedoch außerdem produkt- und branchenspezifische Besonderheiten zu beachten, die hier nicht aufgeführt werden können.

1. Vorsicht: Vertragsschluss ist mündlich möglich

Entgegen einer oft geäußerten Ansicht sind bis auf ganz wenige Ausnahmen (z. B. Verträge über Grundstücke) auch mündlich geschlossene Verträge wirksam und rechtsverbindlich. Allerdings hat derjenige, der sich auf den Vertragsschluss berufen will auch zu beweisen, dass ein Vertrag geschlossen wurde. Dennoch sollte man vorsichtig sein und nicht vorschnell eine mündliche Zusage machen, die nicht ernst gemeint ist.

2. Verträge immer schriftlich schließen

Nachweisbarkeit

Es ist unbedingt empfehlenswert, Verträge schriftlich zu schließen. Dies zum einen, um beweisen zu können, dass überhaupt ein Vertrag geschlossen worden ist, zum anderen, um die dort getroffenen Regelungen im Streitfall auch beweisen zu können.

3. Vertragsinhalt

Der Vertrag muss Regelungen über wesentliche Bestandteile enthalten, beispielsweise beim Kaufvertrag eine Einigung über Ware und Preis. Sind derlei wesentliche Bestandteile des jeweiligen Vertrags nicht geregelt, ist kein Rechtsgeschäft zustande gekommen. Darüber hinaus sollte der Vertrag unbedingt noch regeln:

- die Zahlungsbedingungen
- die Liefer- bzw. Leistungsbedingungen
- bei Dauerschuldverhältnissen oder Verträgen auf wiederkehrende Leistungen:
  - die Laufzeit sowie
  - Möglichkeiten der Kündigung, einschließlich Kündigungsfristen.

Des Weiteren sind gegebenenfalls je nach Vertragstyp, Art der Ware oder Dienstleistung sowie Branche noch entsprechende Regelungen zu treffen.

4. Gegebenenfalls Regelungen des Handelsgesetzbuchs berücksichtigen

Das Handelsgesetzbuch (HGB) enthält „verschärfte" Regelungen für Kaufleute. Grund dafür ist zum einen, dass von diesen erwartet wird, dass sie ihr Metier kennen, zum anderen, dass der Umschlag von Waren beschleunigt abgewickelt werden kann und schneller Rechtssicherheit herrschen soll. So hat der Kaufmann beispielsweise mangelhafte Ware unverzüglich zu rügen. Da die GbR in der Regel gerade keine Kaufmannseigenschaft hat, gelten diese besonderen Bestimmungen des Handelsgesetzbuchs für sie eigentlich nicht. Dennoch sollte mit einem Berater geklärt werden, ob diese Bestimmungen im Einzelfall nicht doch Anwendung finden.

5. Branchenübliche Sitten berücksichtigen

Verträge sind im Zweifel immer unter Berücksichtigung der so genannten „Verkehrssitte" auszulegen. Die Gesellschafter sollten daher die Gepflogenheiten ihrer Branche kennen.

6. Bedeutung von Rechtsbegriffen kennen

Beim Abschluss von Verträgen werden in der Regel Begriffe verwendet, die mit einer bestimmten rechtlichen Bedeutung belegt sind. Diese rechtliche Bedeutung sollte bekannt sein, gerade auch deshalb, da bestimmte Begriffe im rechtlichen Kontext eine andere Bedeutung haben als im umgangssprachlichen Gebrauch. So wird beispielsweise umgangssprachlich oft vom Besitzer gesprochen, wenn der Eigentümer gemeint ist oder von der Leihe, wenn eigentlich Miete gemeint ist („Leihwagen" statt „Mietwagen").

7. Gültigkeit beachten

Es gilt der Grundsatz, dass Verträge einzuhalten sind. Verträge sollten daher nur geschlossen werden, wenn man die getroffene Regelung wirklich will und man auch in der Lage ist, den Vertrag zu erfüllen.

Experten-Tipp

Kein Verbraucherschutz für Existenzgründer

Nach einem Urteil des Bundesgerichtshofs handelt ein Existenzgründer als Unternehmer und nicht als Verbraucher, wenn er Geschäfte im Rahmen der Aufnahme einer gewerblichen oder selbstständigen beruflichen Tätigkeit tätigt (BGH, Urteil vom 24. Februar 2005, AZ: III ZB 36/04). Damit kommt dem Existenzgründer nicht der einem Verbraucher gewährte Schutz zu. Er unterliegt vielmehr voll dem Recht der Unternehmer. Dies sollte beim Abschluss von Verträgen und Geschäften im Gründungsstadium unbedingt berücksichtigt werden.

Rechnungen und Außenstände

Für die wirtschaftlich tätige GbR ist es, wie für jedes Unternehmen, lebenswichtig, Forderungen und Außenstände zeitnah realisieren zu können. Es sollte daher zum auf eine ordentliche und zügige Rechnungsstellung geachtet werden, zum anderen sollten Außenstände aktiv überprüft und ggf. eingezogen werden.

Was gehört in eine Rechnung?

Eine ordentliche Rechnungsstellung setzt zunächst voraus, dass die Rechnung alles enthält, was gesetzlich vorgeschrieben ist. Nach dem Umsatzsteuergesetz muss eine ordnungsgemäße Rechnung enthalten:

Checkliste: Inhalt einer Rechnung

Was	ja	nein
Name und Anschrift des Ausstellers	✓	
Name und Anschrift des Leistungsempfängers		
Steuernummer des Ausstellers		
Ausstellungsdatum der Rechnung		
fortlaufende Rechnungsnummer		
Bezeichnung der Leistung, d. h. Angabe von Menge und handelsüblicher Bezeichnung des Gegenstandes der Lieferung oder Art und Umfang der sonstigen Leistung		
Zeitpunkt der Leistung		
Engelt für die Leistung (Nettorechnungsbetrag)		
Mehrwertsteuersatz in Prozent		
Auf das Entgelt entfallender Mehrwertsteuerbetrag		
Ggf. Hinweis auf Steuerbefreiung		

Daneben kann in eine Rechnung die Angabe von Skonto sowie ein Zahlungsziel aufgenommen werden. Selbstverständlich sollte die Rechnung auch die Bankverbindung des Ausstellers enthalten.

Gefährdung des Vorsteuerabzugs

Achten Sie sowohl bei den Rechnungen, die Sie selbst erstellen, als auch bei den Rechnungen, die bei Ihnen eingehen, darauf, dass diese den oben genannten Vorgaben entsprechen. Anderenfalls ist der Vorsteuerabzug gefährdet und die Rechnungen müssen ggf. später umständlich korrigiert werden. Für bestimmte Leistungen, beispielsweise Bauleistungen, gelten Sonderregelungen. Ebenso gelten vereinfachte Regelungen für die Ausstellung von Rechnungen unter 100 Euro. Bei letzteren sind lediglich die folgenden Angaben erforderlich:

Checkliste

Checkliste: vereinfachte Rechnung

Was	ja	nein
Name und Anschrift des Ausstellers	✓	
Ausstellungsdatum der Rechnung		
Bezeichnung der Leistung		
Mehrwertsteuersatz in Prozent oder: ggf. Hinweis auf Steuerbefreiung		

Was machen wir mit ausstehenden Forderungen?

Abwägung nötig

Wenn Rechnungen nach Fälligkeit nicht bald bezahlt oder vereinbarte Zahlungsziele nicht eingehalten werden, stellt sich die Frage nach dem weiteren Umgang mit dem Kunden und dem weiteren Vorgehen zur Durchsetzung der Forderung. Grundsätzlich muss dabei das Interesse, den Kunden zu behalten, gegen die wirtschaftliche Notwendigkeit einer zeitnahen Realisierung des Rechnungsbetrages abgewogen werden. Bei dieser Abwägung ist allerdings immer darauf zu achten, dass die Außenstände nicht existenzgefährdend werden dürfen. Um Forderungsverlusten oder -ausfällen vorzubeugen, sollte generell Folgendes berücksichtigt werden:

1. Genaue Aufnahme der Kundendaten

Insbesondere bei Aufträgen mit größerem Volumen ist es unbedingt zu empfehlen, die Kundendaten peinlich genau aufzunehmen und nötigenfalls zu überprüfen. Wichtig sind dabei vor allem:

Checkliste: Kundendaten

Was	ja	nein
Genauer Name des Kunden (richtige Schreibweise)	✓	
Genaue Anschrift des Kunden		
Bei Geschäftskunden zusätzlich: – genauer Name oder Firmierung des Unternehmens – genaue Angabe der Rechtsform – ggf. Name des gesetzlichen Vertreters – ggf. Angabe des Handelsregisters und der Handelsregisternummer		

Genaue Aufnahme der Daten ist unerlässlich

In der Praxis machen die Fälle, in denen der Schuldner aufgrund fehlender oder falscher Angaben nicht eindeutig identifiziert werden kann, teilweise erhebliche Schwierigkeiten. Zum einen kann es beispielsweise bei falscher Namens- oder Adressangabe bereits schon sehr mühsam sein, überhaupt mit ihm in Kontakt zu treten, zum anderen wird durch unzutreffende Angaben auch die gerichtliche Durchsetzung von Ansprüchen erschwert oder gar ganz unmöglich. Machen Sie es sich deshalb gerade bei Neukunden oder größeren Auftragsvolumen zur Gewohnheit, die Daten des Kunden sorgfältig und umfassend zu notieren. Selbstverständlich ist es im geschäftlichen Alltag kaum möglich, jedes Mal die gesamten Angaben zu überprüfen, dennoch sollten Sie sich insbesondere bei größeren Aufträgen durchaus einmal einen Briefkopf vom Kunden vorlegen lassen, auf dem beispielsweise auch dessen Handelsregistereintrag vermerkt ist. Dieser kann dann ggf. überprüft werden. Im Einzelfall kann auch die Einholung einer Bonitätsauskunft zu einem Auftraggeber sinnvoll sein.

2. In der Rechnung ein bestimmtes Zahlungsziel festsetzen

Jede Rechnung sollte ein konkretes „Zahlungsziel“ festsetzen, also einen Zeitpunkt, zu dem der Kunde die Rechnung bezahlt haben soll. Dafür wird beispielsweise die Formulierung „Der Rechnungsbetrag ist zahlbar bis zum … (Angabe des Datums)“ verwendet. Zu großzügig bemessene Zahlungsziele sollten vermieden werden. Zum einen kann es passieren, dass die Vorleistung bei Ihnen zu Liquiditätsengpässen führt, zum anderen tragen Sie zwischen dem Zeitpunkt der Leistungserbringung und der Bezahlung auch das Risiko, dass der Kunde zahlungsunfähig wird.

3. Zahlungseingänge regelmäßig überwachen

Es sollte selbstverständlich sein, regelmäßig die Zahlungseingänge zu überprüfen. Auch in der Hektik des Tagesgeschäfts sollte dies keinesfalls vergessen werden.

4. Zahlung anmahnen

Sofern das gesetzte Zahlungsziel fruchtlos verstreicht, sollten Sie sich nicht scheuen, die Zahlung anzumahnen. Durch eine Mahnung nach Eintritt der Fälligkeit der Forderung kommt der Schuldner in Verzug. Zwar tritt nach § 286 Abs. 3 BGB Verzug auch ohne Mahnung 30 Tage nach Fälligkeit und Zugang der Rechnung ein, dennoch hat eine ausdrückliche Mahnung auch einen nicht zu unterschätzenden psychologischen Wert. Auch wenn es kaum nachvollziehbar ist, lässt sich in der Praxis immer wieder beobachten, dass viele Kunden grundsätzlich erst auf eine Mahnung hin zahlen.

5. Direkten Kontakt mit dem Schuldner aufnehmen

Telefonanruf hilfreich

Sofern ein Schuldner auf Ihre Mahnungen nicht reagiert, versuchen Sie, direkten Kontakt mit ihm aufzunehmen. Rufen Sie ihn an und machen Sie höflich, aber bestimmt deutlich, dass Sie die Zahlung erwarten. Auch wenn dieses Vorgehen für Sie anfangs unangenehm sein mag, lohnt sich jedenfalls immer ein Versuch, denn für den Schuldner ist ihr Anruf in der Regel noch unangenehmer. Dementsprechend kann auf diesem Wege häufig das Problem beseitigt werden.

6. Gerichtliche Schritte einleiten

Mahnbescheid

Ist eine Zahlung auch nach Mahnung (ggf. auch einer zweiten und dritten) und ggf. telefonischem Kontakt nicht erfolgt, sollten Sie sich nicht scheuen, gerichtliche Schritte zur Sicherung und Geltendmachung Ihrer Forderung einzuleiten. Neben der Erhebung einer auf Zahlung gerichteten Klage bietet sich dafür insbesondere ein Antrag auf Erlass eines Mahnbescheides an. Da bei letzterem die geltend gemachte Forderung zunächst keiner rechtlichen Prüfung unterzogen wird, kann er schneller zu einem Ergebnis führen, insbesondere dann, wenn der Schuldner offensichtlich unbegründet nicht zahlt, also sich beispielsweise nicht auf Sachmängel beruft. Darüber hinaus sind für einen Mahnbescheid zunächst auch wesentlich weniger Gerichtskosten zu verauslagen als für eine Klage. Wenn der Schuldner dem Mahnbescheid widerspricht, werden dann zwar ebenfalls die bei einer Klage zu entrichtenden Gerichtskosten fällig, jedoch besteht doch die Möglichkeit, dass der Schuldner unter dem Eindruck des Mahnbescheides die Forderung bezahlt und keinen Widerspruch einlegt.

7. Notfalls Zwangsvollstreckung einleiten

Sobald Ihnen ein gerichtlicher Titel gegen den Schuldner vorliegt, etwa ein Vollstreckungsbescheid oder ein rechtskräftiges oder für vorläufig vollstreckbar erklärtes Urteil, sollten Sie die Zwangsvollstreckung gegen den Schuldner einleiten. Bedenken Sie, dass Sie womöglich in Konkurrenz zu weiteren Gläubigern stehen, die vom Schuldner ebenfalls ihre Forderung bezahlt bekommen wollen.

8. Was ist mit den Kosten?

Zahlt der Schuldner trotz Verzug nicht, so hat er die notwendigen Kosten der Rechtsverfolgung als Verzugsschaden zu ersetzen. Er hat damit die Kosten des von Ihnen beauftragten Rechtsanwalts zu ersetzen, allerdings nur entsprechend den gesetzlichen Gebührensätzen.

Verzugszinsen

Daneben haben Sie ab Verzugseintritt einen Anspruch auf Zahlung von Verzugszinsen gegen den Schuldner. Diese sind unterschiedlich hoch, je nachdem, ob es sich bei dem Schuldner um einen Verbraucher oder einen Unternehmer handelt. Im ersten Falle beträgt die Höhe des Verzugszinses 5 % über dem Basiszinssatz gem. § 247 Abs. 1 BGB, im zweiten Fall gar 8 % über demselben. Der Basiszinssatz verändert sich jeweils zum 01. Januar und zum 01. Juli eines Jahres. Der jeweils gültige Satz kann dem Bundesanzeiger sowie der Tages- und Finanzpresse entnommen werden oder unter www.bundesbank.de abgerufen werden.

9. Was ist mit Ratenzahlung?

Keine rechtliche Verpflichtung

Oft bietet ein in Zahlungsschwierigkeiten geratener Schuldner von sich aus eine Ratenzahlung an. Es hängt von Ihnen ab, ob Sie sich darauf einlassen; rechtlich verpflichtet sind Sie dazu nicht. Eine generelle Empfehlung kann hierzu nicht gegeben werden. Die Entscheidung muss unter Berücksichtigung der Umstände des Einzelfalles getroffen werden. Auch wenn eine Ratenzahlung eigentlich nicht Ihren Erwartungen entspricht, darf jedoch nicht übersehen werden, dass eine solche nach dem Motto „Was man hat, das hat man" durchaus vorteilhaft sein kann. Wenn Sie bereit sind, sich auf eine Ratenzahlung einzulassen, sollten Sie jedoch den regelmäßigen und vereinbarungsgemäßen Zahlungseingang genau überwachen und sofort reagieren, wenn der Schuldner sich nicht an die Vereinbarung hält.

10. Schuldnerdatei führen

Notieren Sie zu jedem Kunden die unbezahlten Rechnungen und die Höhe der Außenstände. Überprüfen Sie diese Angaben, bevor Sie den Kunden erneut beliefern. Machen Sie dem Kunden gegebenenfalls klar, dass eine erneute Belieferung erst nach Zahlung der Außenstände in Frage kommt. Als Alternative zur Führung einer gesonderten Schuldnerdatei bietet sich natürlich ein entsprechender Vermerk in der (elektronischen) Kundenverwaltung an. Dies sollte jedoch wirklich konsequent „durchgezogen" werden, da ab einer bestimmten Anzahl von Kunden der Überblick ohne solche Vermerke kaum mehr behalten werden kann.

Nützliche Internetadressen

Informationen zur Gründung

Bundesministerium für Wirtschaft und Arbeit (BMWA)	www.bmwa.bund.de www.existenzgruender.de
Deutscher Industrie- und Handelskammertag (DIHK)	www.dihk.de
Zentralverband des Deutschen Handwerks (ZDH)	www.zdh.de
Bundesrechtsanwaltskammer	www.brak.de
Bundesnotarkammer	www.bnotk.de
Bundessteuerberaterkammer	www.bstbk.de
Wirtschaftsprüferkammer	www.wpk.de
Bundesagentur für Arbeit	www.arbeitsagentur.de
Bundesverband Deutscher Unternehmensberater e.V.	www.bdu.de

Förderprogramme/Existenzgründungsförderung

Bundesministerium für Wirtschaft und Arbeit	www.bmwa.bund.de
Bundesministerium für Bildung und Forschung (BMBF)	www.bmbf.de
KfW Mittelstandsbank	www.kfw-mittelstandsbank.de
KfW Förderbank	www.kfw.de
Bundesagentur für Arbeit	www.arbeitsagentur.de

Urheberrechtsschutz/Patentschutz

Bundesministerium für Bildung und Forschung (BMBF) – Patentserver	www.patente.bmbf.de
Deutsches Patent- und Markenamt	www.dpma.de
Europäisches Patentamt	www.european-patent-office.org
Weltorganisation für geistiges Eigentum	www.wipo.de
Patentstelle Deutsche Forschung (PST) bei der Fraunhofer-Gesellschaft	www.pst.fhg.de

Wirtschaftsrecht/Gesetze

Bundesministerium für Wirtschaft und Arbeit	www.bmwa.bund.de
Juristisches Informationssystem	www.juris.de
Forum Deutsches Recht	www.recht.de

Steuern

Bundesministerium der Finanzen	www.bundesfinanzministerium.de
Bundessteuerberaterkammer	www.bstbk.de

Informationen zum Thema Versicherung

Gesamtverband der Deutschen Versicherungswirtschaft e.V.	www.gdv.de
Hauptverband der gewerblichen Berufsgenossenschaften	www.hvgb.de
Bundesanstalt für Finanzdienstleistungsaufsicht (BAFin)	www.bafin.de
Verwaltungsberufsgenossenschaft	www.vbg.de

Registrierung von und Information über Internetdomains

Denic eG Domain Verwaltungs- und Betriebsgesellschaft	www.denic.de

Europainformationen

Europäische Kommission	http://europa.eu.int

Außenhandelsinformationen

Bundesministerium für Wirtschaft und Arbeit – Außenwirtschaftsportal	www.ixpos.de
Bundesagentur für Außenwirtschaft	www.bfai.com
Auswärtiges Amt	www.auswaertigesamt.de
IHK-Gesellschaft zur Förderung der Außenwirtschaft und der Unternehmensführung mbH	www.ihk-gmbh.de
Ost-Ausschuss der Deutschen Wirtschaft	www.ost-ausschuss.de

Gründungswettbewerb

StartUp	www.startup-inititative.de

Ausschreibungsveröffentlichungen

Bundesausschreibungsblatt	www.bundesausschreibungsblatt.de
BVA	www.bund.de
Bundesanzeiger	www.bundesanzeiger.de
Amt für amtliche Veröffentlichungen der EU	http://simap.eu.int

Was heißt das? Fachwörter auf einen Blick

Actio pro socio
Jeder Gesellschafter der GbR kann einen Anspruch der Gesellschaft gegen einen Mitgesellschafter, beispielsweise den Anspruch auf Leistung der vereinbarten Beiträge, im eigenen Namen für die Gesellschaft geltend machen. Er kann dabei jedoch nur Leistung an die Gesellschaft, bzw. an die Gesamthand, verlangen.

Anwachsung
Wenn ein Gesellschafter aus der GbR ausscheidet, so „wächst" sein Anteil am Gesellschaftsvermögen den verbleibenden Gesellschaftern „zu", sofern die Gesellschaft fortbesteht. Die Besonderheit ist, dass dabei für den Übergang des Anteils des ausscheidenden Gesellschafters am Gesellschaftsvermögen auf die verbleibenden Gesellschafter keine besonderen Übertragungsakte erforderlich sind. Dies erklärt sich durch den besonderen Charakter des Gesellschaftsvermögens als Gesamthandseigentum der Gesellschafter. Der ausscheidende Gesellschafter erlangt durch sein Ausscheiden lediglich einen schuldrechtlichen Anspruch auf Rückgabe zur Nutzung eingebrachter Gegenstände, Befreiung von Gesellschaftsschulden sowie einen Abfindungsanspruch.

ARGE
Zusammenschluss mehrerer Unternehmen zu einer GbR zur Durchführung eines bestimmten, einmaligen Projekts. Der Begriff ARGE wird insbesondere im Baugewerbe häufig verwendet.

Bankdarlehen
Bankkredit, der gegen Zahlung von Zinsen bereitgestellt wird. Die Rückzahlung kann je nach Abmachung in Raten oder in einer einmaligen Summe erfolgen.

Business-Plan
Detaillierte Beschreibung einer Geschäftsidee oder eines Geschäftskonzepts. Er sollte sowohl dem Gründer als auch ggf. einem Kapital- oder Kreditgeber eine Einschätzung der Chancen der Geschäftsidee erlauben.

Einkommensteuer
Das Einkommen natürlicher Personen wird mit der Einkommensteuer besteuert. Bei Angestellten heißt sie Lohnsteuer.

Finanzierungs- und Kapitalbedarfsplan
Er zeigt auf, wie hoch die erforderlichen Investitionen zur Gründung sind und wie die Gründung finanziert werden kann.

Freie Berufe
Angehörige der freien Berufe üben kein Gewerbe aus. Sie zeichnen sich durch die unabhängige Leistung von Diensten „höherer Art" aus. Zu den freien Berufen zählen beispielsweise Rechtsanwälte, Steuerberater, Architekten, Ingenieure und Ärzte.

GbR	Gesellschaft bürgerlichen Rechts, auch BGB-Gesellschaft genannt. Grundform der Personengesellschaft. Besteht aus mindestens zwei Gesellschaftern. Geregelt im Bürgerlichen Gesetzbuch.
Gewerbeanmeldung	Vor der Aufnahme einer gewerblichen Tätigkeit ist diese beim Gewerbeamt anzumelden. Dieses wiederum informiert weitere Behörden, wie z. B. das Finanzamt oder die zuständige Industrie- und Handelskammer.
Gewerbliche Schutzrechte	Unter die gewerblichen Schutzrechte fallen jene Rechte, die dem Schutz gewerblich genutzter Erfindungen und Leistungen dienen sollen. Es handelt sich dabei um Patente, Geschmacks- und Gebrauchsmuster sowie Warenzeichen. Auch das Wettbewerbsrecht spielt im Rahmen des gewerblichen Rechtsschutzes eine Rolle. Künstlerische und wissenschaftliche Schöpfungen und Werke werden hingegen vom Urheberrechtsgesetz geschützt.
Haftung	Einstehenmüssen mit dem Vermögen für eine Schuld.
Kapitalgesellschaft	Eine Gesellschaft, bei der die Mitgliedschaft auf einer Kapitalbeteiligung beruht.
Liquidation	Auflösung („Verflüssigung") des Gesellschaftsvermögens.
Liquidität	Fähigkeit, laufende Zahlungsverpflichtungen bedienen zu können.
Offene Handelsgesellschaft (oHG)	Personengesellschaft, deren Zweck auf den Betrieb eines kaufmännischen Handelsgewerbes gerichtet ist. Geregelt im Handelsgesetzbuch. Durch den kaufmännischen Bezug und durch die gesetzlichen Formvorschriften unterscheidet sie sich von der GbR.
Parteifähigkeit	Die Fähigkeit, Partei in einem Rechtsstreit zu sein. Sie deckt sich mit der Rechtsfähigkeit.
Personengesellschaft	Eine Gesellschaft, die auf die persönliche Mitarbeit der Gesellschafter ausgerichtet ist.
Rechtsfähigkeit	Die Fähigkeit, Träger von Rechten und Pflichten zu sein.
Umsatzsteuer	Die Umsatzsteuer, auch Mehrwertsteuer genannt, besteuert das Erbringen wirtschaftlicher Leistung durch Unternehmer. Belastet durch die Umsatzsteuer wird allerdings nicht der Unternehmer, sondern der nichtunternehmerische Endverbraucher.
Wettbewerbsverbot	Verbot der Betätigung für die Konkurrenz oder als Konkurrenz.
Zweigliedrige Gesellschaft	Eine Personengesellschaft, die aus nur zwei Mitgliedern besteht.

Nützliche Anschriften

Allgemeines zur Gründung

Bundesministerium für Wirtschaft und Arbeit

Dienstbereich Berlin
Scharnhorststr. 34-37
10115 Berlin
Tel.: 0 18 88/6 15-0
Fax: 0 18 88/6 15-70 10
Internet: www.bmwa.bund.de

Dienstbereich Bonn
Villemombler Straße 76
53123 Bonn
Tel.: 0 18 88/6 15-0
Fax: 0 18 88/6 15-44 34

Infotelefone des Bundesministeriums für Wirtschaft und Arbeit:

Mittelstand und Existenzgründung:
0180/5 615 001 (Informationen zur Förderung von Existenzgründern und Kleinunternehmen)

Arbeitsmarktförderung: 0180/5 615 002
(Informationen zu Hilfen für Selbstständige und Existenzgründer: Überbrückungsgeld)

Deutscher Industrie- und Handelskammertag (DIHK)
Breite Str. 29
10178 Berlin
Tel.: 0 30/20 30 8-0
Fax: 0 30/20 30 8-10 00
Internet: www.dihk.de

Bundesnotarkammer
Mohrenstr. 34
10117 Berlin
Tel.: 0 30/38 38 66-0
Fax: 0 30/38 38 66 66
Internet: www.bnotk.de

Bundesrechtsanwaltskammer
Littenstr. 9
10179 Berlin
Tel.: 0 30/28 49 39-0
Fax: 0 30/28 49 39-11
Internet: www.brak.de

Wirtschaftsprüferkammer (KdöR)
Rauchstr. 26
10787 Berlin
Tel.: 0 30/7 26 161-0
Fax: 0 30/7 26 161-212
Internet: www.wpk.de

Zentralverband des Deutschen Handwerks (ZDH)
Mohrenstr. 20/21
10117 Berlin
Tel.: 0 30/2 06 19-0
Fax: 0 30/2 06 19-4 60
Internet: www.zdh.de

Finanzierung

KfW Mittelstandsbank – Beratungszentren
über:
KfW Mittelstandsbank-Infocenter
Servicetelefon-Nummer: 01801/241124
Email: infocenter@kfw-mittelstandsbank.de

Verband der Bürgschaftsbanken e.V.
Dottendorferstr. 86
53129 Bonn
Tel.: 02 28/9 76 88 86
Fax: 02 28/9 76 88 82
Internet: www.vdb-info.de

Außenwirtschaft

Bundesagentur für Außenwirtschaft
Agrippastr. 87-93
50676 Köln
Postfach 10 05 22
50445 Köln
Tel.: 02 21/20 57-0
Fax: 02 21/20 57-212
Internet: www.bfai.com

Außenhandelskammern (AHK)
über:
Deutscher Industrie- und Handelskammertag
(DIHK)
Breite Str. 29
10178 Berlin
Tel.: 0 30/20 30 8-0
Fax: 0 30/20 30 8-10 00
Internet: www.dihk.de bzw. www.ahk.de

Patente und Schutzrechte

Deutsches Patent- und Markenamt
Zweibrückenstr. 12
80331 München
Tel.: 0 89/21 95-0
Fax: 0 89/21 95-22 21
Internet: www.dpma.de

Deutsches Patent- und Markenamt
-Dienststelle Jena-
Goethestrasse 1
07743 Jena
Tel.: 03641/40 54
Fax: 03641/40 5690

Technisches Informationszentrum Berlin
Gitschiner Strasse 97
10969 Berlin
Tel.: 030/ 25992-0
Fax: 030/ 25992-404

Kooperationsmöglichkeiten

BC-Net (Business Cooperation Network)
Vertretung der Europäischen
Kommission in Deutschland
Unter den Linden 78
10117 Berlin
Tel.: 0 30/22 80 20 00
Fax: 0 30/22 80 22 22
Fax: 00 32 2/296 25 72
Internet: www.eu-kommission.de

Kooperationsbörse des Deutschen
Industrie- und Handelskammertages (DIHK)
Breite Str. 29
10178 Berlin
Tel.: 0 30/203 08-0
Fax: 0 30/203 08-10 00
Internet: www.dihk.de

Kooperationsbüro der Deutschen Wirtschaft
Breite Str. 29
10178 Berlin
Tel.: 0 30/20 28-14 52
Fax: 0 30/20 28-24 52
Internet: www.ost-ausschuss.de

Förderprogramme

Bundesministerium für Wirtschaft und Arbeit
BMWA-Förderberatung
Scharnhorststr. 34-37
10115 Berlin
Tel.: 0 18 88/6 15-80 00
Fax: 0 18 88/6 15-70 33

Infocenter der KfW Mittelstandsbank:
Tel.: 01 801/24 11 24 (zum Ortstarif)
Fax: 02 28/831 75 62
infocenter@kfw-mittelstandsbank.de

KfW Förderbank
Adresse s.o.

KfW Bankengruppe
Palmengartenstr. 5-9
60325 Frankfurt/Main
Tel.: 0 69/74 31-0
Fax: 0 69/74 31-29 44

KfW Mittelstandsbank
Adresse s.o.

Infocenter der KfW Förderbank:
Tel.: 01 801/33 55 77 (zum Ortstarif)
Fax: 0 69/74 31-6 43 55
infocenter@kfw.de

Anhang: Die GbR im Rahmen der freien Berufe

Die GbR im Rahmen der freien Berufe

Gerade bei den Angehörigen der freien Berufe ist die GbR eine beliebte Form, die berufliche Zusammenarbeit zu organisieren. Daran hat sich auch durch die Schaffung der Partnerschaftsgesellschaft nicht sehr viel geändert.

Die freien Berufe

Geistige und schöpferische Tätigkeit

Bei der freiberuflichen Tätigkeit steht anders als beispielsweise der gewerblichen Tätigkeit die geistige und schöpferische Arbeit im Vordergrund der Berufsausübung. Das Einkommensteuergesetz enthält in § 18 eine Aufzählung von beruflichen Tätigkeiten, die bei selbstständiger Ausübung zu den freiberuflichen Tätigkeiten gezählt werden. Genannt werden beispielsweise

- Ärzte, Zahn- und Tierärzte,
- Rechtsanwälte und Notare,
- Architekten und Ingenieure,
- Wirtschaftsprüfer und Steuerberater,
- Heilpraktiker und Krankengymnasten,
- Journalisten und Bildberichterstatter sowie
- Dolmetscher und Übersetzer.

Information bei der IHK

Dabei handelt es sich jedoch lediglich um die traditionell als freiberuflich eingeordneten Tätigkeiten. Es gibt darüber hinaus noch eine ganze Reihe weiterer Tätigkeiten, die bei selbstständiger Ausübung als freiberuflich eingestuft werden. Entsprechende Auskünfte erteilt die zuständige Industrie- und Handelskammer. Die Zuordnung einer Tätigkeit zum Bereich der freiberuflichen Tätigkeit hat vor allem steuerliche Folgen, da Freiberufler nicht der Gewerbesteuer unterliegen.

Experten-Tipp

Finanzamtliche Anmeldung nicht vergessen

Freiberufler müssen sich bei Aufnahme der freiberuflichen Tätigkeit nicht beim Gewerbeamt anmelden. Deshalb erfolgt auch nicht die sonst übliche „automatische" Anmeldung beim Finanzamt durch das Gewerbeamt. Vielmehr müssen Freiberufler sich direkt beim Finanzamt anmelden. Diese Anmeldung sollte nicht vergessen werden.

Beispielvertrag

Anbei ist ein Vertrag über eine zahnärztliche Gemeinschaftspraxis als Beispiel für einen GbR-Vertrag im Bereich der freien Berufe abgedruckt. Dieser Vertrag ist jedoch nicht zur ungeprüften Übernahme als Mustervorlage geeignet. Dies nicht nur deshalb, da es sich um einen Vertrag aus einem besonders spezialisierten Bereich handelt, sondern auch weil die Gestaltung des Gesellschaftsvertrages bei Ärzten Einfluss auf die Möglichkeit der Abrechnung haben kann. Der im Folgenden abgedruckte Vertrag soll deshalb lediglich als generelles Beispiel für die Gestaltung eines GbR-Vertrages durch Freiberufler dienen. Im Zweifelsfall sollte insbesondere bei Ärzten und Zahnärzten der Gesellschaftsvertrag auf seine Auswirkungen bezüglich der Abrechnung hin überprüft und ggf. mit den entsprechenden Stellen erläutert werden.

CD-ROM

Zwischen den Zahnärzten

Dr. med. dent. Max Krone
Wielandstraße 28
10629 Berlin

und

Dr. med. dent. Peter Schleif
Kamminer Straße 9
10589 Berlin

wird folgender

Gemeinschaftspraxisvertrag

geschlossen:

§ 1

Gegenstand und Zweck des Vertrages

(1) Gegenstand und Zweck des Vertrages ist die gemeinschaftliche Ausübung der Tätigkeit als Vertragszahnarzt und Privatzahnarzt in Form einer Gemeinschaftspraxis in Berlin.

(2) Die Parteien errichten zu diesem Zweck hiermit eine Gesellschaft bürgerlichen Rechts. Die §§ 705 ff. des Bürgerlichen Gesetzbuches finden Anwendung, soweit sich aus diesem Vertrag nichts anderes ergibt.

§ 2

Name der Gemeinschaftspraxis

Der Name der Gemeinschaftspraxis lautet „Gemeinschaftspraxis Dr. Max Krone und Dr. Peter Schleif". Diese Bezeichnung wird auf Drucksachen, Stempel und Schildern der Gemeinschaftspraxis sowie bei allen sonstigen Mitteilungen an Dritte geführt.

§ 3

Sitz der Gemeinschaftspraxis

(1) Die Gemeinschaftspraxis hat ihren Sitz in 10625 Berlin, Schlüterstraße 15.

(2) Zum Betrieb der Gemeinschaftspraxis wird die Gesellschaft unter der in Absatz 1 genannten Anschrift Räumlichkeiten anmieten.

§ 4

Beginn und Dauer der Gemeinschaftspraxis

Die Gesellschaft beginnt am 01.01.2006 und wird auf unbestimmte Zeit geschlossen.

§ 5

Zulassungen, Haftung für Verzögerungen

(1) Die Gesellschafter versichern, die für die Ausübung der Gemeinschaftspraxis notwendigen Maßnahmen getroffen zu haben oder spätestens bis zum Beginn der Gemeinschaftspraxis zu treffen, insbesondere die erforderlichen Zulassungen zu besorgen.

(2) Für Schäden, die sich aus einer diesbezüglichen Verzögerung ergeben, haftet im Verhältnis der Gesellschafter zueinander derjenige Gesellschafter, der die Verzögerung zu vertreten hat.

§ 6

Anzeige des Zusammenschlusses

Die Anzeige des Zusammenschlusses an die zuständige (Bezirks-) Zahnärztekammer sowie die zuständige Kassenärztliche Vereinigung erfolgt gemeinsam durch beide Gesellschafter.

§ 7

Beiträge der Gesellschafter, Gesellschaftsvermögen

(1) Die zur Ausübung der Gemeinschaftspraxis erforderlichen Einrichtungsgegenstände, Geräte, Apparate, Instrumente und Materialien werden von den Gesellschaftern gemeinsam angeschafft. Diese sowie alle sonstigen im Rahmen der Gemeinschaftspraxis gemeinsam angeschafften Gegenstände werden Gesellschaftsvermögen. Über die gemeinsam angeschafften Gegenstände ist eine fortlaufende Inventarliste zu führen.

(2) Jeder Gesellschafter ist am Gesellschaftsvermögen zur Hälfte beteiligt.

(3) Die Nutzung der zum Gesellschaftsvermögen gehörenden Gegenstände steht den Gesellschaftern in gleicher Weise zu. Die Gesellschafter verpflichten sich, die zum Gesellschaftsvermögen gehörenden Gegenstände sorgsam zu behandeln.

§ 8

Geschäftsführung, Vertretung

(1) Beide Gesellschafter sind zur Führung der Geschäfte berechtigt und verpflichtet. Die Geschäftsführung erfolgt gemeinsam durch die Gesellschafter.

(2) Die rechtsgeschäftliche Vertretung der Gesellschaft erfolgt gemeinsam durch die Gesellschafter.

(3) Abweichend von Abs. (1) und (2) ist jeder Gesellschafter zum Zwecke der Erledigung laufender Geschäfte alleine zur Geschäftsführung und Vertretung berechtigt, es sei denn die Gesellschaft wird dadurch mit einem Betrag verpflichtet, der über EUR 1.500.- hinausgeht.

§ 9

Verpflichtung zur Zusammenarbeit

(1) Die Gesellschafter verpflichten sich, der Gemeinschaftspraxis ihre volle Arbeitskraft zur Verfügung zu stellen.

(2) Die Gesellschafter verpflichten sich darüber hinaus

a) zur kollegialen Zusammenarbeit,

b) sich gegenseitig für konsiliarische Tätigkeit zur Verfügung zu stehen sowie

c) zur sorgfältigen und gewissenhaften Berufsausübung.

§ 10

Nebentätigkeiten, Wettbewerbsverbot

(1) Die Gesellschafter dürfen Nebentätigkeiten nur mit Zustimmung des jeweils anderen Gesellschafters ausüben.

(2) Es ist den Gesellschaftern während der Dauer der Gesellschaft nicht gestattet, durch zahnärztliche Betätigung außerhalb der Gesellschaft zu dieser in Konkurrenz zu treten.

(3) Ein nachvertragliches Wettbewerbsverbot wird nicht vereinbart. Sollten die Gesellschafter später ein solches einvernehmlich beschließen, werden sie diesen Vertrag entsprechend ändern.

§ 11

Vertretungsregelung, freie Arztwahl

(1) Die Gesellschafter verpflichten sich, sich nach Bedarf und Absprache gegenseitig zu vertreten.

(2) Die Gesellschafter verpflichten sich, die freie Arztwahl seitens der Patienten der Gemeinschaftspraxis zu gewährleisten. Ausgenommen hiervon sind Behandlungen in Vertretungs- sowie in Notfalldienstfällen. Jedoch ist es jedem Gesellschafter in den Grenzen des Berufsrechts gestattet, die Behandlung eines Patienten abzulehnen. Im Falle der Ablehnung eines Patienten ist der ablehnende Gesellschafter dem anderen Gesellschafter gegenüber nicht zur Rechenschaft verpflichtet.

§ 12

Sprechstunden und Arbeitszeit

(1) Die Sprechstunden der Gemeinschaftspraxis sowie die Arbeitszeit der Gesellschafter werden durch die Gesellschafter einvernehmlich festgelegt.

§ 13

Behandlungsverträge

Alle während der Dauer der Gemeinschaftspraxis geschlossenen Behandlungsverträge werden ausschließlich mit der Gemeinschaftspraxis geschlossen. Die Abrechnung erfolgt ausschließlich durch die Gemeinschaftspraxis.

§ 14

Personal der Gemeinschaftspraxis

(1) Die Gesellschafter stellen Personal gemeinsam ein und regeln den Einsatz desselben einvernehmlich.

(2) Alle arbeitsrechtlichen Maßnahmen, insbesondere Abmahnungen und Kündigungen, werden von den Gesellschaftern gemeinsam beschlossen und ausgeführt.

§ 15

Urlaubsregelung

(1) Jeder Gesellschafter hat Anspruch auf einen Erholungsurlaub von 30 Tagen im Jahr sowie auf Bildungsurlaub zur Teilnahme an Fortbildungsveranstaltungen von 5 Tagen im Jahr.

(2) Zeitpunkt und Dauer von Urlaub werden unter Berücksichtigung der Belange der Gemeinschaftspraxis einvernehmlich festgelegt.

§ 16

Krankheit

(1) Wenn ein Gesellschafter erkrankt, wird er vom anderen Gesellschafter vertreten.

(2) Die Gewinnverteilung wird der Dauer der krankheitsbedingten Vertretung entsprechend angepasst.

§ 17

Haftung der Gesellschafter

(1) Die Gesellschafter werden jeweils eine Berufshaftpflichtversicherung abschließen. Die Deckungssumme wird von den Gesellschaftern einvernehmlich festgelegt.

(2) Die Gesellschafter haften für Schäden sowie Verbindlichkeiten der Gemeinschaftspraxis als Gesamtschuldner. Im Innenverhältnis sind sie sich entsprechend ihrem Verschulden zum Ausgleich verpflichtet, es sei denn, der Schaden wird durch die Berufshaftpflichtversicherung ersetzt.

§ 18

Buchführung, Jahresabschluss

(1) Über sämtliche Einnahmen und Ausgaben der Gemeinschaftspraxis ist laufend Buch zu führen.

(2) Geschäftsjahr ist das Kalenderjahr. Im Gründungsjahr endet das Geschäftsjahr unterjährig mit Ablauf des 31. Dezember des Gründungsjahres.

(3) Nach Ablauf des Geschäftsjahres wird ein Jahresabschluss in Form einer Einnahmen-Überschuss-Rechnung erstellt.

(4) Mit der Buchführung und der Erstellung des Jahresabschlusses wird ein Angehöriger der steuerberatenden Berufe beauftragt.

§ 19

Abrechnung

Die Abrechnung der kassen- und der privatärztlichen Tätigkeit wird von den Gesellschaftern gemeinschaftlich erstellt. Die Gesellschafter können einvernehmlich beschließen, ob und inwiefern das Praxispersonal bei der Erstellung der Abrechnung behilflich sein soll.

§ 20

Gewinnermittlung

(1) Zur Ermittlung des Jahresgewinns werden die Kosten der Gemeinschaftspraxis von den erzielten Honorareinnahmen der Gemeinschaftspraxis abgezogen. Als Honorareinnahmen gelten alle Einnahmen der Gesellschafter aus ihrer vertrags- und privatzahnärztlichen Tätigkeit. Nicht als Honorareinnahmen gelten Einnahmen der Gesellschafter aus schriftstellerischer Tätigkeit

oder aus Vortragstätigkeit sowie wissenschaftlicher Betätigung, allerdings nur, soweit die vorgenannten Tätigkeiten außerhalb der gemeinsam festgelegten Arbeitszeiten ausgeübt werden.

(2) Als Kosten der Gemeinschaftspraxis gelten unter Berücksichtigung der jeweils geltenden steuerrechtlichen Vorschriften die Ausgaben zum Betrieb der Gemeinschaftspraxis sowie laufende Abschreibungen.

(3) Nicht zu den Ausgaben der Gemeinschaftspraxis zählen:

- Kammerbeiträge sowie Beiträge von Berufsverbänden
- Beiträge zum zahnärztlichen Versorgungswerk
- Krankenversicherungsbeiträge einschließlich Beiträge zur Krankentagegeldversicherung.
- Fortbildungskosten

§ 21

Gewinnverteilung, Vorwegentnahmen

(1) Am Gewinn und Verlust der Gemeinschaftspraxis sind die Gesellschafter zu gleichen Teilen beteiligt.

(2) Den Gesellschaftern ist eine monatliche Vorwegentnahme auf ihren Anteil am Gewinn gestattet. Sie ist jedoch insgesamt für das Geschäftsjahr beschränkt auf 75 % des Anteils am Gewinn des vorigen Geschäftsjahres. Sie wird mit den Anteilen der Gesellschafter am tatsächlichen Gewinn im Geschäftsjahr, in dem die Entnahme erfolgt, verrechnet.

(3) Die Vorwegentnahme darf die Liquidität der Gesellschaft nicht gefährden. Geht die Vorwegentnahme über den tatsächlichen Anteil am Gewinn hinaus, so ist der zu viel entnommene Betrag unverzüglich nach Erstellung und Bekanntgabe des Jahresabschlusses an die Gesellschaft zurückzuzahlen. Die Gesellschafter sind sich einig, dass zu viel entnommene Beträge ab dem Zeitpunkt der Entnahme zu einem Zinssatz von 4 % über dem jeweils geltenden Basiszinssatz zu verzinsen sind.

§ 22

Kündigung

(1) Jeder Gesellschafter ist zur ordentlichen Kündigung der Gesellschaft mit einer Frist von sechs Monaten zum Ende des Kalenderjahres berechtigt.

(2) Von dieser Regelung wird das Recht zur fristlosen Kündigung aus wichtigem Grunde nicht berührt. Als wichtiger Grund gilt insbesondere

- der Verlust der Approbation eines Gesellschafters,
- sonstiges grob standeswidriges Verhalten,
- schuldhafter grober Verstoß gegen Interessen der Gemeinschaftspraxis,
- strafbare Handlungen eines Gesellschafters gegen den anderen Gesellschafter oder gegen die Gesellschaft sowie
- unbegründete Nichtausübung der zahnärztlichen Tätigkeit durch einen Gesellschafter.

(3) Die Kündigung hat durch eingeschriebenen Brief zu erfolgen.

§ 23

Übernahmerecht, Abfindungsanspruch

(1) Bei Auflösung der Gesellschaft ist derjenige Gesellschafter, in dessen Person der Grund für die Auflösung nicht liegt, berechtigt, das Gesellschaftsvermögen zu übernehmen. Die Übernahme ist dem anderen Gesellschafter oder dessen Erben schriftlich zu erklären.

(2) Der ausscheidende Gesellschafter hat aufgrund der Übernahme des Gesellschaftsvermögens einen Anspruch auf Abfindung gegen den übernehmenden Gesellschafter. Der Anspruch auf Abfindung richtet sich auf den verhältnismäßigen Anteil am Gewinn des Geschäftsjahres zum Zeitpunkt des Ausscheidens, den hälftigen Anteil einer Rücklage, sofern die Gesellschafter die Bildung einer solchen beschlossen haben und eine solche tatsächlich gebildet wurde, sowie den hälftigen Wert der Vermögensgegenstände der Gemeinschaftspraxis. Zur Ermittlung der Höhe des Abfindungsanspruchs wird eine Abfindungsbilanz erstellt. Diese ist spätestens zwei Monate nach dem Ausscheiden zu erstellen.

(3) Sofern sich die Gesellschafter in der Bewertung von Vermögensgegenständen nicht einig sind, werden die Gesellschafter einen Sachverständigen zur Bewertung heranziehen. Der Sachverständige wird durch die zuständige Bezirkszahnärztekammer benannt. Die Kosten des Sachverständigen werden von den Gesellschaftern je hälftig getragen.

(3) Die Abfindung ist in 36 Monatsraten zu zahlen. Die erste Rate ist zahlbar drei Monate nach Erstellung der Abfindungsbilanz.

§ 24

Liquidation

Wenn der zur Übernahme berechtigte Gesellschafter die Übernahme nicht erklärt, wird die Gesellschaft nach den gesetzlichen Vorschriften der § 730 ff. BGB liquidiert.

§ 25

Aufnahme neuer Gesellschafter

Die Aufnahme neuer Gesellschafter ist durch einstimmigen Beschluss der bisherigen Gesellschafter möglich.

§ 26

Übertragung von Anteilen, Vererbbarkeit von Anteilen

(1) Die Übertragung des Anteils eines Gesellschafters ist mit Zustimmung beider Gesellschafter möglich.

(2) Anteile an der Gesellschaft sind nicht vererbbar. Die Erben werden entsprechend § 23 Abs. 2 und 3 abgefunden.

§ 27

Schriftformerfordernis

Änderungen und Ergänzungen dieses Vertrages bedürfen der Schriftform. Mündliche Nebenabreden sind nicht getroffen.

§ 28

Salvatorische Klausel

(1) Sollten einzelne Bestimmungen dieses Vertrages ganz oder teilweise unwirksam sein oder werden, gelten die übrigen Bestimmungen dieses Vertrages weiterhin. Die Gesellschafter verpflichten sich, die unwirksame Bestimmung durch eine wirksame Bestimmung zu ersetzen, die Sinn und Zweck der ursprünglich vereinbarten Bestimmung möglichst nahe kommt. Sollte der Vertrag regelungsbedürftige Lücken aufweisen, verpflichten sich die Gesellschafter, diese umgehend durch Aufnahme entsprechender Regelungen zu schließen.

(2) Ebenso verpflichten sich die Gesellschafter, diesen Vertrag umgehend entsprechend zu ändern oder anzupassen, wenn er nicht den Erfordernissen zur Ausübung der kassen- oder privatzahnärztlichen Tätigkeit entspricht oder gegen zahnärztliches Standesrecht verstößt.

Stichwortverzeichnis